VXX

Michael JAKOWITSCH

VXX

Mein Handel mit der Volatilität

Du lernst mit wenig Aufwand von der Volatilität zu profitieren. Der VXX ist aufgrund seiner Zusammenstellung berechenbar und kann somit mit geeigneten Positionen den eigenen Cashflow optimieren.

Michael JAKOWITSCH

Der VXX bietet dir die Möglichkeit, in angstbehafteten Börsenzeiten von der Volatilität zu profitieren. Der VXX tendiert langfristig dazu, an Wert zu verlieren. Mit einem geringen Zeitaufwand und den richtigen Strategien ist es möglich, an volatilen Tagen gute Einstiegsmöglichkeiten zu finden. Durch den eingebauten Abwärtseffekt kann man mit Trades im richtigen Moment von den Rollverlusten profitieren. Man kann den VXX im Daytrading verwenden, aber auch zur Diversifikation nutzen. Er bietet ein zusätzliches Asset zu den klassischen Investments.

Im Buch erfährst du, wie ich den VXX einsetze. Ich arbeite mit Long- und Short-Positionen sowie mit Optionen.

ZUM AUTOR

Ing. Michael Jakowitsch lebt in Wien und beschäftigt sich neben seiner Haupttätigkeit als Bauingenieur und Immobilienprofi mit Aktien- und Optionshandel. Durch diverse Ausbildungen hat er seine Investitionsstrategien entwickeln und verfeinern können.

DANKSAGUNG

Ich darf mich bei Robert bedanken.
Für das Öffnen der Welt in den Aktienmarkt.

Ich darf mich bei Andreas und Thomas bedanken.
Für den fachlichen und sachlichen Input.

Ich darf mich bei Margit bedanken.
Für die Geduld beim Lektorat

Ich darf mich bei meinen Eltern bedanken.
Für das Fundament in meinem Leben.

Ich darf mich bei Birgit bedanken.
Für den Zuckerguss in meinem Leben.

1. Auflage 2021

Copyright © 2021 Michael Jakowitsch

Alle Rechte vorbehalten.

ISBN: 9798520461470

Externe Links wurden bis zum Zeitpunkt der Drucklegung des Buches geprüft. Auf etwaige Änderungen zu einem späteren Zeitpunkt kann kein Einfluss genommen werden. Eine Haftung ist daher ausgeschlossen.

Die im Buch veröffentlichten Themen wurden sorgfältig erarbeitet. Eine Garantie kann dennoch nicht übernommen werden. Ebenso ist die Haftung des Verfassers für Personen-, Sach- und Vermögensschäden ausgeschlossen.

INHALT

1.	EINLEITUNG	1
1.1.	Für wen ist dieses Thema und diese Art des Tradings von Interesse?	2
1.2.	Meine persönliche Einstellung	5
1.3.	Einstieg in das Thema	7
1.4.	Risikohinweis	10
1.5.	LernBox 1	11
2.	VOLATILITÄT	15
2.1.	Was ist Volatilität?	15
2.2.	Relevanz für den Optionshandel	18
2.3.	Terminstrukturkurve VIX	20
2.3.1.	Was bitte ist ein Termingeschäft (Future) und was soll eine Terminstrukturkurve sein?	20
2.3.2.	Ein vereinfachtes Beispiel zur Erklärung von Futures	20
2.3.3.	Futures haben ein Ablaufdatum	21
2.4.	LernBox 2 - Volatilität	26
3.	WIE KANN MAN DIE VOLATILITÄT HANDELN - DER VXX	27
3.1.	Was ist der VXX?	30
3.2.	Typisches Verhalten des VXX	35
3.3.	Wie hat sich der VXX im Corona-Crash verhalten?	37
3.4.	LernBox 3 -Volatilität handeln	47
4.	MEIN HANDEL MIT DEM VXX	49
4.1.	Direkt den VXX handeln	51
4.1.1.	Langfristiges „Investment" – Rollverluste nutzen	51
4.1.2.	Kurzfristiges Traden	57
4.1.3.	LernBox 4	57
4.2.	Nicht direktes Handeln – Optionen	58
4.2.1.	Exkurs Optionsverkauf	58
4.2.2.	Call verkaufen	60
4.2.3.	Absicherung durch einen Optionskauf - Bear Call Spread	68
4.2.4.	LernBox 5 - Calls	73
4.2.5.	Kauf Put	74

4.2.6.	Weitere Optionsvarianten	78
4.2.7.	LernBox 6 – Kauf Put	78
4.3.	Ablauf meiner Analyse / Software	80
4.4.	Richtiger Zeitpunkt	82
4.4.1.	Rückgang Backwardation	82
4.4.2.	Gleitende Durchschnitte	82
4.4.3.	Trendkanal	84
4.4.4.	Tiefere Tiefs	85
4.4.5.	VIX 30 Tage vs. VXV 90 Tage	86
4.4.6.	LernBox 7 – Einstieg	87
4.5.	Risiken von VXX	88
4.5.1.	LernBox 8 - Risiken	91
5.	ABSICHERUNG DES GESAMT-PORTFOLIOS mit Volatilitätsprodukten	93
5.1.	VXX	93
5.2.	VIX-Futures	93
5.3.	Kauf Call - VIX-Futures	96
6.	RESÜMEE	97

1. EINLEITUNG

Ich darf dir recht herzlich zu deinem Engagement gratulieren. Warum? Du beschäftigst dich mit diesem Werk und dem VXX. Die meisten Privatinvestoren kommen in der Regel gar nicht so weit, sich mit dem Thema Volatilität näher auseinander zu setzen. Die meisten Händler investieren viel Zeit, Arbeit und manchmal auch Tränen. Es gibt Erfolg und Misserfolg. Aber am Ende des Tages kann es so einfach sein. Man muss nur herausfinden, welches Trading zu einem passt. Das funktioniert oftmals nur durch Versuch und Irrtum. Ein Mentor oder ein persönlicher Trainer kann dir unter Umständen ein paar kleinere Abkürzungen zeigen. So ging es auch mir. Ich habe viel gelernt, habe mich intensivst weitergebildet und dieses Wissen möchte ich nun dir gerne weitergeben.

Ich habe mir erlaubt, dich per Du anzusprechen. Das ist nicht despektierlich gemeint. Wir beide werden mit diesem Buch ein paar intensive Stunden gemeinsam verbringen. Ich hoffe, sie machen dir so viel Spaß wie mir. Aufgrund dieses Naheverhältnisses habe ich mir erlaubt, das Du zu wählen.

Da ich dir nicht deine kostbare Zeit stehlen will, solltest du genau durchlesen, ob der Inhalt dieses Buches etwas für dich ist.

1.1. Für wen ist dieses Thema und diese Art des Tradings von Interesse?

Du solltest Erfahrungen
- im US-amerikanischen Aktienhandel haben

    Der S&P 500 sollte dir nicht fremd sein. Es wird nicht beschrieben, welcher Software-Anbieter und welche Trading-Plattformen Sinn machen und wie diese funktionieren.

- im Optionshandel haben (zumindest Grundwissen)

    Natürlich werde ich dir auch ein paar Grundzüge der Optionen erläutern, aber das ist kein Buch über eine Ausbildung im Optionshandel. Hierbei ist nicht von in Europa gebräuchlichen Optionsscheinen die Rede. Es handelt sich um die US-amerikanische Variante der Optionen. Du solltest wissen, was ein Put und was ein Call ist und welche Risiken du damit eingehst.

- mit den Themen Zeitwertverfall und Volatilität haben
- mit den Bezeichnungen "in the money (ITM)", "at the money (ATM)" und "out of the money (OTM)" haben
- mit der impliziten Volatilität haben

Dieses Buch ist geschrieben für

- o Personen, die die gleiche Freude am Handel auf dem Aktienmarkt haben wie ich und sich weiter entwickeln wollen
- o Personen, die sich auch einmal über einen Abwärtstag freuen wollen und in Zukunft nicht mehr nur traurig auf ihr Portfolio schauen werden, wenn der Aktienmarkt einbricht
  > Ich kann mich über Abwärtstage freuen – manchmal viel zu viel, weil ich weiß: „Ich werde heute einen guten Einstieg bei der Volatilität finden". Klar, das Gesamtportfolio muss immer im Auge behalten werden. Aber das sehe ich als Grundvoraussetzung und Basis eines jeden Aktieninvestments an.
- o private Händler, die langfristig von einem vorgegebenen Effekt profitieren wollen, dabei aber die Absicherung im Auge behalten
- o Händler, die sehr viel Zeit vor dem Bildschirm verbringen, aber auch für Trader, die einen guten Gesamtüberblick über den Markt haben und nicht so oft die Möglichkeit zum Handeln haben. Es gibt Trading-Ideen für alle.

Dieses Buch ist nur bedingt für

- o Händler, die schnell reich werden wollen
- o Händler, die die Abkürzung nehmen wollen, ohne sich mit der Thematik auseinanderzusetzen
- o Personen, die ganz am Anfang stehen
- o die Nutzung des VXX als langfristige Absicherung des Portfolios

Dieses Buch stellt auch nicht den Anspruch, eine wissenschaftliche Arbeit zu sein. Es ist eine Sammlung der, meines Erachtens, wichtigsten Themen zum VXX. Ich stelle dir Tradingideen, kostenlose Quellen für dein Research vor und zeige dir meinen Weg.

1.2. Meine persönliche Einstellung

Die persönlichen Ziele und die Einstellung zum Handeln sind meines Erachtens ein immens wichtiger Punkt. Für mich ist es wichtig, meine Trades entspannt aufzusetzen und zu verfolgen. Ich habe viele Höhen und Tiefen erlebt, wie die meisten Trader. Ich habe viele Varianten der Geldvermehrung ausprobiert. Mit guten und mit schlechten Ergebnissen. Ich beschäftige mich schon länger mit der Börse, habe aber meine erste sinnvolle Ausbildung zu den Themen Aktien- und Optionshandel im Frühjahr 2018 begonnen. Diese dauerte ein Jahr und ich war von Beginn an Feuer und Flamme. Ich weiß noch, mit welchem Leuchten in den Augen ich vom ersten Seminar nach Hause geflogen bin. Ich habe dann in den nächsten Jahren alles aufgesaugt, ausprobiert und das Sinnvolle für mich umgesetzt. Für mich kann ich festhalten, dass das KISS-Prinzip, „Keep It Simple and Stupid", am besten funktioniert. Die meisten meiner Trades sind Verkäufe von Optionen und Käufe von Aktien für mein Langfristdepot. Das Stillhalterprinzip, also der Optionsverkauf, ist für mich äußerst charmant, denn ich werde für etwas bezahlt, was ich sowieso nehmen würde. Das bedeutet, ich generiere Prämien, um für andere Händler eine Versicherung zu sein. Wenn du das Thema Optionsverkäufe und Stillhalterprinzip noch nicht verstehst, empfehle ich dir, dich auf diesem Gebiet weiterzubilden.

Ein paar Anmerkungen bzw. mein Learning zum Mindset generell:

- Wessen Portfolio mehrere Abwärtstage nicht ertragen kann, sollte sich Gedanken über die Positionsgrößen und die Diversifikation machen.
- Wer als Person mehrere Abwärtstage nicht ertragen kann, sollte sich generell über sein Trading Gedanken machen.

Ein Freund hat mir einmal gesagt: *„Viele beschweren sich über die ‚Leute da oben'. Viele sind der Meinung, das System steuert den Aktienmarkt. Sollte es ein System geben, wäre es doch viel schlauer, das System und dessen Handeln zu verstehen und für seine eigenen Zwecke auszunutzen."* Und genau das mache ich. Ich versuche, Dinge zu verstehen und, wenn es für mich passt, auch in mein Leben zu integrieren. Kann man über Konzerne schimpfen und dessen Umgang mit Menschen, Steuern und Finanztransaktionen bekritteln? Ja, man kann. Man kann aber auch Aktionär sein und mit dem Gewinn etwas Gutes tun, zum Beispiel den erzielten Ertrag für soziale Zwecke spenden.

Wer das schnelle Geld und Reichtum, ohne etwas tun zu müssen, im Auge hat, der kann gerne weiterlesen. Das ist mit Volatilität und dem VXX möglich. Es ist aber nicht sicher, dass er morgen sein Depot noch hat, es könnte durch einen Margin-Call zerstört worden sein.

Die Diversifikation im Portfolio ist ein ebenso wichtiges Thema. Wenn man sein Geld und seine Möglichkeiten aufteilt und in unterschiedliche Assetklassen investiert, ist man in der Regel besser vor einem Totaleinbruch geschützt. Der Corona-Crash hat uns jedoch eines Besseren belehrt. Für eine gewisse Zeit sind so gut wie alle Bereiche eingebrochen, auch der Goldmarkt. Dahingehend war es für mich eine Bestätigung, mich mit dem Thema Handel mit Volatilität noch intensiver zu beschäftigen.

1.3. Einstieg in das Thema

Oftmals wird berichtet, dass man mit Volatilitätshandel sehr viel Geld lukrieren kann. Mehrere zig Prozente im Jahr. Ohne viel Aufwand. Ohne viel Risiko. Wenn etwas so einfach klingt, hat es meistens einen Haken. There is no free lunch. Ein alter Börsenspruch, der auch hier zutrifft. Allerdings bietet er eine gute Möglichkeit, einen laufenden Cashflow bzw., wenn man im richtigen Moment in die richtige Richtung reagiert, größere Summen zu generieren. Wenn man das Trading mit Volatilität versteht bzw. seine Risiken kennt, ist es eine Assetklasse wie jede andere. Ich unterscheide zwischen langfristigem „Investieren" (es ist in der Regel ein Short-Trade, deswegen ist das Wort „investieren" vermutlich nicht das richtige) und dem kurzfristigen Nutzen von Spitzen. Alternativ kann man Volatilität auch als kurzfristigen Hedge (Absicherung) gegen einen Crash nutzen.

Wie ist der Handel mit Volatilität entstanden?

Die Volatilität wird schon länger im Aktien- und Optionshandel berücksichtigt. Der Handel mit Volatilität bzw. dem VXX ist allerdings noch nicht so alt. Die Finanzkrise im Jahr 2008 war der Hauptauslöser. Durch den Börseneinbruch in der Finanzkrise haben viele Anleger Geld verloren. Wenn der Aktienmarkt fällt, steigt in der Regel die Volatilität an. Denn die Investoren werden unsicher. Und Unsicherheit bewirkt steigende Volatilität. Es entstand der Wunsch nach Absicherung. Daraus wurde der VXX geschaffen. Wie fast überall, wenn es um (das schnelle) Geld geht, kommt irgendwer auf die Idee, das Grundprodukt zu „tunen" bzw. für das schnelle Geld auszunutzen. Einer meiner Mentoren nennt es „frisieren". Oftmals sind, nach meiner Einschätzung, Männer anfälliger für das „Optimieren" als Frauen. Und oftmals geht dieses allerletzte Herausquetschen irgendwann schief.

Ist es möglich, über Nacht reich zu werden? Definitiv.

Ist es möglich, über Nacht arm zu werden? Definitiv.

Ich zeige dir in weiterer Folge, wie ich den VXX für meine Zwecke einsetze und welche Dinge man nicht machen sollte. Ich zeige dir, wie ich langfristig und laufend Geld aus dem VXX generieren kann und wie man schnelle Anstiege des Angstparameters nutzen kann. Immer das Risiko im Auge habend! Denn das ist bei der Volatilität das Wichtigste.

Durch die mathematische Konstruktion des VXX tendiert er zu einem langfristigen Abwärtstrend. Und das nutze ich. In Krisensituationen bewirkt eine hohe Volatilität allerdings explosive Anstiege. Der VXX stieg zwischen dem 20. Februar 2020 und dem 18. März um rund 480%. Die Kursextreme dauern in der Regel aber nicht lange an. In weiterer Folge sinkt der VXX üblicherweise wieder. Bei einer adäquaten Positionsgröße kann man satte Gewinne einfahren, mit dem Anstieg und mit dem Abfall. Beides muss man aber immer mit Vorsicht umsetzen.

Ich bin davon überzeugt: Wenn man sich mit Themen intensiv beschäftigt, daraus seine Schlüsse zieht und geeignete Strategien für sich aufsetzt und diese konsequent berücksichtigt, kann man gar nicht anders als erfolgreich sein. Ich für meinen Teil kann sagen, die wichtigsten Themen und Learnings waren: Geduld, Demut und die Gier nicht aufkommen lassen.

Ich werde auf den folgenden Seiten einige Tradingideen und Berechnungen vorstellen. Manche Dinge sind vereinfacht dargestellt. Es werden bei den Kalkulationen auch keine Gebühren oder Ähnliches berücksichtigt. Der informierte Trader sollte bei einem Anbieter sein, bei dem die Provisionen äußerst gering sind (zumindest für europäische Verhältnisse).

Für die weiteren Erläuterungen wird diverses Grundwissen vorausgesetzt: die Kenntnisse von Aktienhandel und Optionen sowie die Bedienung der jeweiligen Trading-Software.

Der guten Ordnung halber darf ich darauf hinweisen, dass ich zusammenfassend von VXX und S&P 500 spreche. In manchen Darstellungen werden Futures bzw. CFDs verwendet. Diese bilden grundsätzlich eine ähnliche Entwicklung ab.

1.4. Risikohinweis

Ein wichtiger Punkt beim Trading ist das Verständnis, welches Risiko man mit seinen Aktionen eingeht. Ich bin kein Anlageberater und werde es auch nicht mehr werden. Mir macht es Spaß, anderen Personen etwas beizubringen, und freue mich auch etwas zu lernen. Ich investiere als Privatperson im Markt und stelle dir meine Erfahrungen vor.

Alle genannten Themen sind keine Aufforderung zum Nachahmen. Du bist für dein Handeln selbst verantwortlich. Der VXX ist hochspekulativ, ebenso der Optionshandel. Deine Verluste können auch über dein eingesetztes Kapital hinaus gehen. Dein Broker kann unter Umständen die Nachschusspflicht heranziehen. Es ist mir wichtig, dich darauf aufmerksam zu machen, dass dieses Buch keine Beratung darstellt und ich somit keine Haftung und Verantwortung für deine Entscheidungen übernehme.

Wenn du noch nicht abgeschreckt bist und du verstanden hast, wie dieses Buch zu verwenden ist, stelle ich dir in weiterer Folge meine Erfahrungen vor. Vorher darf ich dir noch die LernBox vorstellen. Nach jedem Abschnitt fasse ich dir die wichtigsten Learnings zusammen. So kannst du die Inhalte thematisch Revue passieren lassen.

1.5. LernBox 1

- ✓ Das eigene Mindsetting ist wichtig. Man kann zwar Geld verdienen, aber die Persönlichkeit sollte mitwachsen.
- ✓ Es gibt keinen „free lunch".
- ✓ Der VXX fällt langfristig.
- ✓ Der VXX kann kurzfristig sehr stark ansteigen.
- ✓ Michael Jakowitsch hat nach bestem Wissen und Gewissen recherchiert und dieses Buch geschrieben. Er ist aber kein Berater und du verantwortest dein Handeln ganz allein. Er nimmt dich an der Hand. Aber er haftet nicht für dich.

Ich darf dir eine kurze Zusammenfassung der Themen in diesem Buch geben. Keine Sorge, wenn du noch nicht alles verstehst. Wir werden alle Bereiche näher besprechen.

- ✓ Wir starten mit der Volatilität. Diese kann man mit dem VIX messen. Eine meiner Lieblingsvarianten ist der Handel mit Optionen. Da die Volatilität im Optionshandel wichtig ist, werden wir auch das näher beleuchten.
- ✓ Der VXX wird aus den VIX-Terminstrukturkurven ermittelt. Die Terminstrukturkurve wird aus VIX-Futures errechnet. Möglicherweise sind diese Bereiche für dich neu.
- ✓ In Kapitel 3 sehen wir uns den VXX in seiner Zusammensetzung an. Um zu verstehen, wie er reagieren kann, ist das Wissen über Futures und Terminstrukturkurven wichtig. Wir sehen uns an, wie sich der VXX in der Corona-Krise verhalten hat.
- ✓ In Kapitel 4 stelle ich dir meine Tradingvarianten vor. Es wird um Kauf und Verkauf des VXX gehen, aber auch um den Handel mit Optionen (inkl. Absicherung deiner VXX-Positionen).
- ✓ In Kapitel 5 beleuchten wir überblicksmäßig das Thema Absicherung des Portfolios mit VIX-Futures bzw. mit dem VXX.

Sämtliche Abbildungen kannst du dir auf der Website www.derJako.at downloaden.

Um dir einen besseren Überblick über die einzelnen Kapitel zu verschaffen, werde ich dir am Ende eines jeden Abschnitts zeigen, wo wir uns gerade befinden und welche Themen noch auf dich warten.

1. Einleitung
2. **Volatilität**
3. Wie kann man die Volatilität handeln - der VXX
4. Mein Handel mit dem VXX
5. Absicherung des Gesamtportfolios mit Volatilitätsprodukten
6. Resümee

2. VOLATILITÄT

2.1. Was ist Volatilität?

Jede Aktie und somit auch deren zugehörige Optionen unterliegen Schwankungen. Je nach Angebot und Nachfrage des Underlyings. Für die Preisfindung spielt in der Praxis noch viel mehr eine Rolle, zum Beispiel die aktuelle Notenbankzinspolitik, die Inflation, Anleihenrenditen und leider auch Kriege auf der Welt. Aber das Schöne ist, die Volatilität kommt in der Regel irgendwann wieder zu ihrem Durchschnittswert, zu ihrer Mitte zurück. Klingt dir das zu esoterisch? Ich finde es cool, denn ich weiß, was passieren wird. Ich weiß nur nicht wann.

Je mehr die einzelnen Kurse schwanken, umso höher ist die Volatilität. Die Volatilität bildet die Erwartungshaltung, was passieren wird, ab und sie ist messbar. Die Chicago Board Options Exchange (CBOE) mit Sitz in Chicago ist eine der weltgrößten Options-Börsen. Neben ihrer Hauptaufgabe errechnet sie die erwartete Schwankungsbreite des Marktes. Für den S&P 500 werden die täglich veröffentlichten Werte für die Volatilität im CBOE Volatility Index (VIX) dargestellt. Wenn du dich mit dem Aktienmarkt beschäftigst, hast du sicher schon davon gehört. Auch wenn ich einmal keine Zeit habe, um meine einzelnen Trading-Positionen zu kontrollieren, den VIX beobachte ich immer. Oftmals wird der VIX-Index als Angstparameter tituliert. Der Wert verändert sich je nach aktuellem Zustand und Ausblick. Der VIX bezieht seine Daten aus den Handelspreisen für Index-Optionen auf den S&P 500. Er hat in der Regel eine inverse Verbindung zu der Entwicklung des S&P 500. Das bedeutet, wenn der Gesamtmarkt fällt, herrscht Unsicherheit und die Volatilität steigt. Kurzfristig hat es aber auch schon Situationen gegeben, da haben die beiden Werte eine Parallelität aufgewiesen.

Der VXX basiert auf den Daten des VIX-Index. Darum ist es wichtig zu verstehen, wie sich die Volatilität verhält und reagiert.

Eine kurze Vorausschau auf den VXX: In der folgenden Darstellung siehst du die Entwicklung des S&P 500 und die des VXX seit 2017 (in Prozent). In dieser Zeit ist der S&P500 um rund 70% gestiegen und der VXX um rund 80% gefallen.

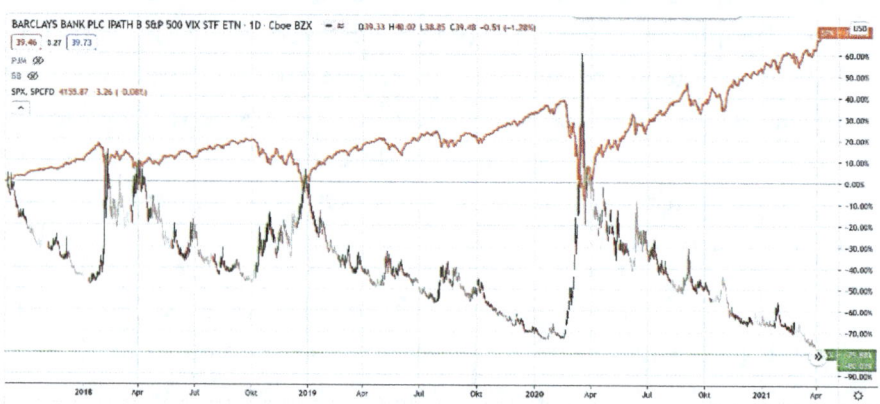

Abbildung 1: Quelle: Tradingview; Bezeichnung: Vergleich VXX mit SPX, Datenstand vom 23.5.21

In Krisen und in ungewissen Situationen, wie zum Beispiel beim Ausbruch der Corona-Krise, steigt der VIX. Der VIX hat aber grundsätzlich die Tendenz, wieder zu seinem Durchschnittswert zurückzukehren. Und das wollen wir uns zu Nutze machen. Wir wissen nicht, wie extrem die Volatilität ausschlägt, aber wir wissen, wo sie irgendwann wieder landen wird.

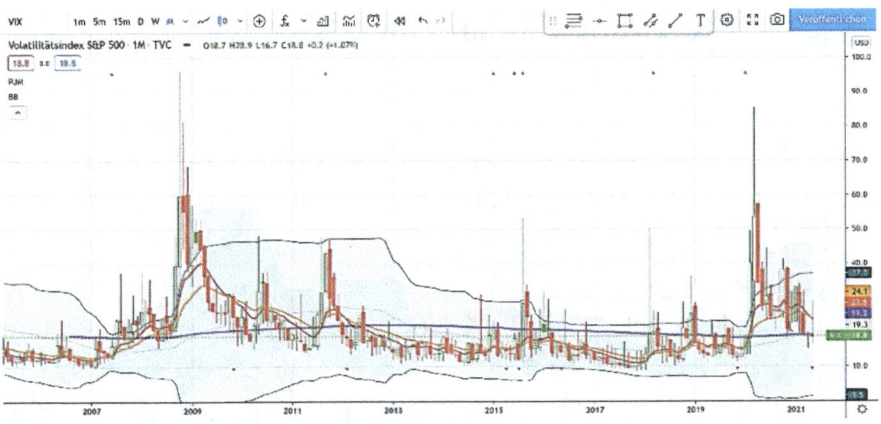

Abbildung 2: Quelle: Tradingview; Bezeichnung: Darstellung VIX vom 16.05.21

Man erkennt in der Darstellung, dass in den Jahren 2008 bzw. 2009 (Finanzkrise) und im Jahr 2020 (Corona-Krise) die Ausschläge sehr extrem waren. Zwischendurch hat es auch immer wieder intensivere Reaktionen nach oben gegeben. Im Laufe der Zeit pendelt sich der VIX jedoch immer wieder bei einem Durchschnittswert von rund 16 bis 18 ein (je nach Betrachtungszeitraum). Und genau diesen Effekt (Mean Reversion Effekt) versuche ich zu nutzen.

2.2. Relevanz für den Optionshandel

Im Optionshandel hat Angst einen großen Stellenwert. Der Optionspreis besteht, sehr vereinfacht zusammengefasst, aus einem inneren Wert und einem Zeitwert. Es ist auch relevant, ob die Option in the money, at the money oder out of the money ist. Je weiter der Verfallstag in der Zukunft liegt, umso ungewisser und angstbehafteter sind die Einschätzungen. Ob eine Aktie in einem Monat von 100 auf 80 fällt, ist besser einzuschätzen, als ob sie in vier Monaten auf 80 fällt. Dahingehend werden die Optionen, die noch eine längere Laufzeit haben, teurer sein und mehr Zeitwert haben.

Volatilität

Die Volatilität ist eine der wichtigsten Kennzahlen für das Optionstrading. Denn bei Stillhaltergeschäften (Verkauf von Call- und Putoptionen) ist der Zeitwert ein wichtiger Punkt. Aber er ist nur ein Teil des möglichen Gewinns/Geschäfts. Denn wenn sich die implizite Volatilität ändert, kann es das noch bessere Geschäft werden. Die implizite Volatilität ist die erwartete Schwankungsbreite des betrachteten Gegenstandes für ein Jahr. Diese wird in Prozent angeführt. Bei einer impliziten Volatilität von 10% wird bei einer Aktie mit einem aktuellen Wert von 100 Dollar eine Schwankung von plus oder minus 10 Dollar erwartet. Im Gegensatz zur historischen Volatilität (diese betrachtet die Vergangenheit) gibt die implizite Volatilität einen Ausblick auf die erwartete Zukunft. Bei Optionen bzw. Stillhaltergeschäften ist die Prämie bei einer hohen impliziten Volatilität höher. Die Gefahr, angedient (eingebucht) zu werden, ist natürlich auch höher.

Die Schwankungsbreite verändert sich bei unerwarteten Ereignissen in der Regel sehr schnell und auch extrem, oftmals sehr schnell und mit einer Übertreibung. Das machen sich erfahrene Trader zu Nutze. Manche nutzen die Volatilität auch als Absicherung. Denn es existiert eine negative Korrelation des VIX zu Aktien bzw. zum Markt. Dazu mehr in den weiteren Kapiteln. Aber eines vorweg: Der VXX eignet sich nicht für eine langfristige Absicherung. Dies muss man über andere Instrumente lösen. Um den VXX besser zu verstehen, müssen wir uns nun näher mit der Basis und den Konstellationen auseinandersetzen. Vieles klingt im ersten Moment vielleicht etwas kompliziert, aber am Ende des Tages kann es recht simpel sein.

2.3. Terminstrukturkurve VIX

Wie schon erwähnt, setzt sich der VXX aus den VIX-Werten zusammen, genauer gesagt, aus VIX-Futures. Und diese Futures ergeben die Terminstrukturkurve.

2.3.1. Was bitte ist ein Termingeschäft (Future) und was soll eine Terminstrukturkurve sein?

Diese Begriffe kommen aus dem Futurehandel. Mithilfe der Terminstukturkurven kannst du frühzeitig mögliche Trends erkennen. Wenn du Futures handeln möchtest, solltest du einige Besonderheiten berücksichtigen. Futures kannst du nicht, wie z.B. Aktien, einfach kaufen und so lange halten, wie du möchtest. Ein Futurekontrakt ist über eine bestimmte Laufzeit begrenzt. Das bedeutet, der Future hat ein Ablaufdatum. Deswegen wird er auch als Termingeschäft tituliert. Die Aneinanderreihung der zukünftigen Futures ergibt die Terminstrukturkurve. Gehen wir die Begriffe Schritt für Schritt durch.

2.3.2. Ein vereinfachtes Beispiel zur Erklärung von Futures

Über Futures wurden ursprünglich Rohstoffe gehandelt. Der Bauer produziert seine Ware und will sich gegen einen möglichen Preisverfall absichern. Er kann sich über den Future versichern. Er hat das Recht, seine Ware zu dem festgelegten Preis zu dem bestimmten Termin an sein Gegenüber zu liefern und somit zu verkaufen. Egal, was passiert.

Andersherum kann sich ein Händler von einem Bauern eine bestimmte Menge zu einem bestimmten Zeitpunkt und Preis zusichern lassen. Diese bestimmten Zeitpunkte sind das Ausschlaggebende. Ich habe das Recht, am 12. März 12 Tonnen Mais geliefert zu bekommen. Dadurch wird Handlungssicherheit gewährleistet. Und Sicherheit kostet nun einmal.

Futures können inzwischen für die diversesten Bereiche gehandelt werden. Neben den klassischen Rohstoffen wie Mais, Weizen, Edelmetalle auch Währungen und eben auch die Volatilität.

2.3.3. Futures haben ein Ablaufdatum

Im Future-Handel sind Terminstrukturkurven immens wichtig, da sie die Erwartungshaltung der Masse abbilden. Vereinfacht zusammengefasst: Jeder Monat hat einen Verfallstag (Lieferdatum). Es gibt zum Beispiel den Mai-Future, den Juni-Future und so weiter. Wenn ich jetzt mein Recht in den nächsten Monat schieben bzw. verlängern will, muss ich vor Laufzeitende meinen aktuellen Future (mein Recht) verkaufen und einen für den nächsten „Monat" kaufen. Dadurch werde ich etwas Geld verlieren, da in der Regel die weiter in der Zukunft liegenden Futures teurer sind als die kürzer laufenden. Denn eine Zusicherung, die länger läuft, ist teurer als eine, die morgen endet. Warum? Längerfristig gibt es einfach mehr Unsicherheiten, aber auch Chancen im Markt.

Erläuterung zu den unterschiedlichen Preisen der jeweiligen Futures: Ist es wahrscheinlicher, dass ein Ereignis in den nächsten 30 Tagen eintrifft oder in den nächsten 60 Tagen? Ich nehme die 60 Tage. Denn es ist wahrscheinlicher, in den nächsten 60 Tagen eine Sternschnuppe am Himmel zu sehen als in den nächsten 30 Tagen, weil es doppelt so viele Chancen gibt. Negativ betrachtet, gibt es in den nächsten 60 Tagen doppelt so viele Chancen auf einen Börsencrash als in den nächsten 30 Tagen. Deswegen sind die weiter in der Zukunft liegenden Kontrakte/Futures in der Regel teurer.

Wenn man die Werte der einzelnen Monate/Futures aneinanderreiht, bekommt man eine Kurve. Auf der kostenlosen Website www.vixcentral.com kann man sich die aktuelle Terminstrukturkurve, aber auch die historischen ansehen (die Kurve bzw. Ausblick zum damaligen Stand).

Hier eine Abbildung der Terminstrukturkurve für den 27. Mai 2021.

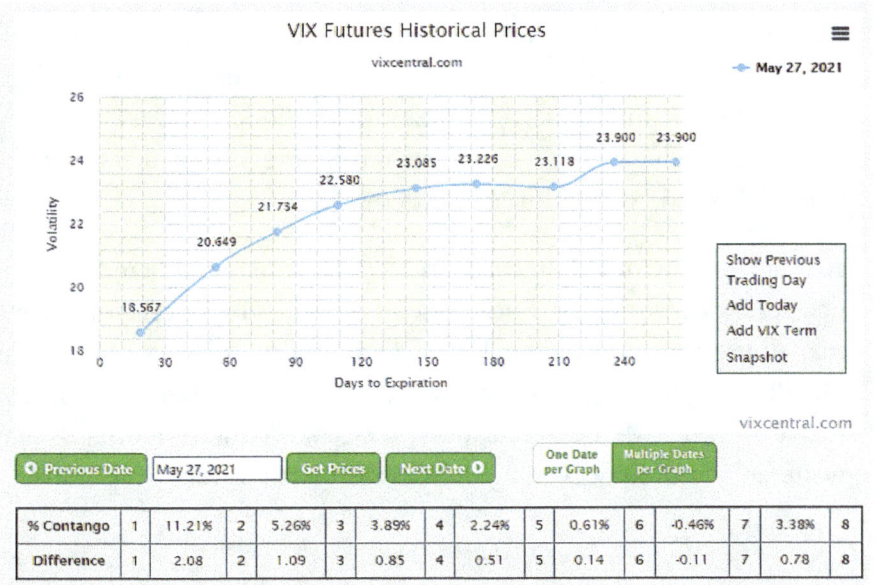

Abbildung 3: Quelle: www.Vixcentral.com; Bezeichnung: Terminstrukturkurve für den 27.05.21

Der Future mit dem frühesten Verfallstag kostet 18.567 (der Juni Future = VIX 1).

Die Preise für die weiteren Futures sind:

    Juli   20.649 (= VIX 2)

    August   21.734 (= VIX 3)

    September 22.580 (= VIX 4)

    und so weiter.

Die Differenz zwischen den jeweiligen Futures wird dir in der Abbildung ganz unten angezeigt. Zwischen dem VIX 1 und dem VIX 2 bestehen 2,08 Punkte Unterschied.

In diesem Beispiel: Je länger die Futures in der Zukunft liegen, umso teurer sind sie. Diese klassische Situation, dass die weiter in der Zukunft liegenden Futures teurer sind als die kürzer laufenden, wird Contango genannt. Die Terminstrukturkurve wird sich die meiste Zeit in dieser Formation befinden. Das ist der „Normalzustand". Diese Terminstrukturkurve gibt es nicht nur für den VIX, sondern auch für alle anderen Futures.

Kommt es zu einem kurzfristigen Volatilitäts-Anstieg, kann es sein, dass die kurzfristigeren Futures teurer sind. Diese Situation nennt man Backwardation. Diese Konstellation tritt ein, wenn sich viele Händler kurzfristig absichern wollen. Hier ein Beispiel vom 16. Oktober 2008: Man erkennt, dass der „erste" Future teurer als alle weiteren Werte war. Dadurch ist die Kurve abfallend.

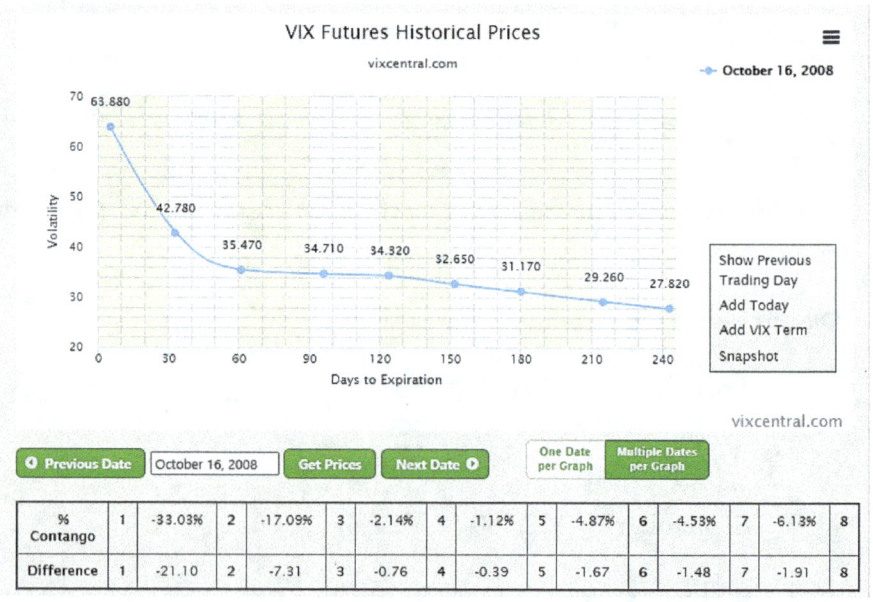

Abbildung 4: Quelle: www.Vixcentral.com; Bezeichnung: Terminstrukturkurve für den 16.10.16

Ein Beispiel aus der Landwirtschaft: Es entsteht ein Käferbefall bei Kartoffeln, dadurch gibt es einen Ernteausfall und die Lieferung kann nicht stattfinden. Dadurch wird es zu einem Anstieg der Volatilität kommen, denn es wird zu einer Angst, betreffend Lieferverpflichtungen, kommen. Die Ernte in 12 Monaten ist „sicherer" als die bevorstehende. Somit ist der erste / naheliegendste Future der teuerste. Dadurch wird sich die Kurve verändern, nämlich abfallen. Diesen Zustand nennt man Backwardation. Die Nachfrage für eine kurzfristige Lieferung des Produkts ist höher als die Nachfrage für zukünftige Terminkontrakte. Und genau das mache ich mir zu Nutze. Denn es kann sein, dass die Backwardation ein Signal für eine momentane Übertreibung ist.

Die kostenlose Seite von VIX-Central gibt uns viele Informationen über die Terminstrukturkurve. Wie bereits erwähnt, ist Contango der übliche Zustand. Die folgende Darstellung zeigt, wie oft sich der VIX in Contango bzw. Backwardation befunden hat. Alles über der roten Linie (0%) ist Contango, alles darunter ist Backwardation.

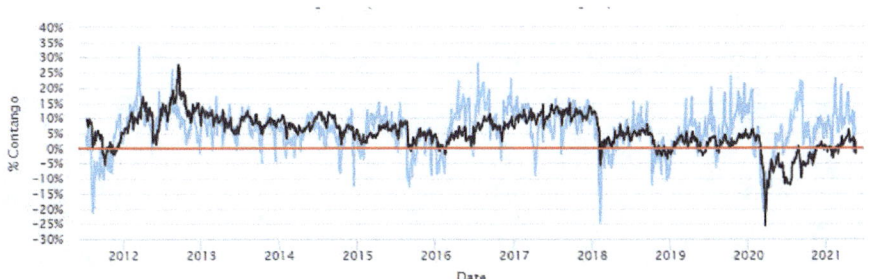

Abbildung 5: Quelle: www.Vixcentral.com; Bezeichnung: Vergleich Historie Contango/Backwardation

2.4. LernBox 2 – Volatilität

- ✓ Der VIX ist ein Index und bildet die Volatilität ab.
- ✓ Der VIX und der S&P 500 haben in der Regel eine negative Korrelation (inverse Reaktion).
- ✓ Der VIX wird als Angstparameter bezeichnet.
- ✓ Die Volatilität ist ein wichtiger Teil des Optionshandels.
- ✓ Die Volatilität kann schnell ausschlagen.
- ✓ Ein Future ist ein Termingeschäft und hat ein Ablaufdatum.
- ✓ Eine Terminstrukturkurve ist eine Aneinanderreihung der aktuellen Werte der jeweiligen Futures.
- ✓ Es gibt den „Normalzustand", genannt Contango, und es gibt die Backwardation.

Übersicht der Abschnitte:

1. Einleitung
2. Volatilität
3. **Wie kann man die Volatilität handeln - der VXX**
4. Mein Handel mit dem VXX
5. Absicherung des Gesamtportfolios mit Volatilitätsprodukten
6. Resümee

3. Wie kann man die Volatilität handeln - der VXX

Der VIX ist einer von vielen Indizes und nicht direkt handelbar. Es ist ein synthetischer Index, der errechnet wird. Diesen kann man nicht direkt handeln. Als Vergleich kann man die klassischen Indizes heranziehen. Den S&P 500 kann man nicht direkt kaufen. Man kann nur Produkte, die den Index abbilden, handeln. In der Regel sind es ETF- und ETN-Produkte. (Eine genauere Erläuterung zum Thema ETN folgt etwas später.) Im Bereich Volatilität gibt es unter anderem den VXX.

Hier ein kurzer Überblick bzw. eine Erläuterung einiger Produkte betreffend Volatilität:

- Der VXX ist ein ungehebelter ETN (Exchange Traded Note) und bildet grundsätzlich 1:1 die Entwicklung des VIX ab.

Es gibt auch noch weitere und ähnliche Produkte, von denen ich jedoch meine Finger lasse.

- Der UVXY ist ein gehebelter ETF. Er strebt eine tägliche Rendite an, die der 1½-fachen Entwicklung des VIX für einen Tag entspricht.
- Der SVXY ist ein ETF, der die Hälfte der umgekehrten VIX-Entwicklung anstrebt, eine inverse Entwicklung. Ein fallender VIX bewirkt ein Steigen des SVXY.

Ich kann gleich zusammenfassen: Für mich kommt nur der VXX in Frage. Der VXX ist ein volatiler Wert. Da will ich nicht auch noch gehebelt unterwegs sein.

Der guten Ordnung halber zeige ich dir den Chartverlauf für die anderen Werte:

Der UVXY hat im Corona Crash innerhalb von 18 Handelstagen über 1.100% zugelegt. Das ist mir persönlich zu spekulativ.

Abbildung 6: Quelle: Tradingview; Bezeichnung: Wochenchart UVXY vom 28.05.21

Und nun der SVXY. Ich darf daran erinnern, er ist ein ETF. Dieses Bild macht mich einfach nur sprachlos.

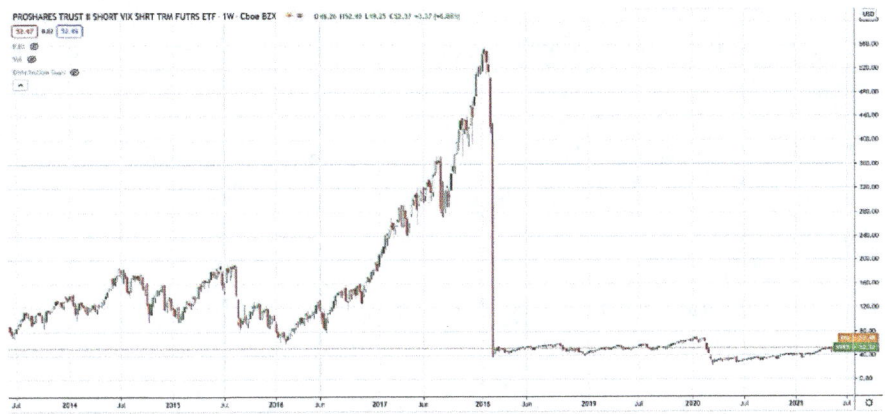

Abbildung 7: Quelle: Tradingview; Bezeichnung: Wochenchart SVXY vom 28.05.21

Spätestens bei diesem Chartbild mit der extremen Wochenkerze im Jahr 2018 sollte dir klar sein: Das ist nichts für mich und auch nichts für dich. Wer mehr wissen will, braucht nur den Begriff SVXY-Crash in eine Suchmaschine einzugeben.

Man muss sich mit den Produkten, die man handeln will, auch auseinandersetzen. Bitte informiere dich genauestens, bevor du deine Positionen aufsetzt. Ich sage dir nicht, du sollst den VXX handeln. Ich sage dir nur, dass er für mich funktioniert und ich das Risiko abwäge.

3.1. Was ist der VXX?

Dann beleuchten wir das Produkt, um das sich dieses Buch dreht, etwas näher.

Der VXX ist ein ETN, mit dem die Volatilität gehandelt werden kann. Von erfahrenen Tradern wird er für das kurzfristige Traden verwendet.

Die folgende Erläuterung des Begriffs „ETN" stammt aus Wikipedia:

„Exchange-traded Notes (ETNs) sind börsengehandelte Inhaberschuldverschreibungen, die die Wertentwicklung eines zugrunde gelegten Basiswerts 1-zu-1 nachbilden. (…) der Anlagestil ist im Regelfall das Passive Management.

Ungedeckte ETNs werden in der Regel direkt aus der Bankbilanz des Emittenten begeben. Der Emittent selbst garantiert die Wertentwicklung, d. h. die Kosten für Swap-Vereinbarungen und die Kreditbesicherung entfallen. Dadurch entfällt auch der Nachbildungsfehler, die Wertentwicklung weicht also lediglich um die Höhe der ausgewiesenen Verwaltungsgebühr vom Basiswert ab. Allerdings geht der Investor ein unbesichertes Kreditrisiko gegenüber dem Emittenten ein, wobei für institutionelle Ordergrößen meistens ein tägliches Rückgaberecht zum Nettoinventarwert besteht und so praktisch nur ein „Übernachtkreditrisiko" besteht.

Bei ETN handelt es sich im Gegensatz zu ETFs nicht um Sondervermögen."

Der VXX wurde ursprünglich konstruiert, um auf eine steigende Volatilität setzen zu können. Das war den Erfahrungen der Finanzkrise geschuldet → der Markt fällt und die Volatilität steigt. Dadurch wollte man sich absichern und hedgen.

Informationen zum VXX des Emittenten Barclays findest du unter:

https://www.ipathetn.com/US/16/en//instruments.app?searchType=text&dataType=html&searchTerm=vxx#/details/341408

Teilweise gibt es für private europäische Händler Einschränkungen für den Handel mit diesem Produkt. Als Alternative kann man aktuell CFDs auf den VXX handeln und man kann sich über Optionen beim „klassischen" VXX-ETN einbuchen lassen.

Man sollte auch immer daran denken, dass derjenige, der das Produkt aufsetzt, etwas daran verdienen will. Die „Investor Fee Rate" für den ETN beträgt aktuell 0.89% pro Jahr.

Der VXX bildet die Entwicklung des „S&P 500 VIX Short Term Futures Index Total Return" ab. Er hält ständig die beiden nächstfälligen VIX-Futures. Der nächste Future ist der VIX 1 und der darauffolgende wird mit VIX 2 bezeichnet. Solltest du mit VIX 1 und VIX 2 noch Probleme haben, dann kann dir die *„Abbildung 3: Quelle: www.Vixcentral.com; Bezeichnung: Terminstrukturkurve für den 27.05.21"* helfen. In den nächsten Abschnitten gehe ich auf VIX 1 und VIX 2 auch noch näher ein.

Der VXX-ETN ist so konstruiert, dass er immer eine Restlaufzeit von 30 Tagen hat. Dadurch wird der nächste/kürzer laufende VIX-Future verkauft und die Futures des VIX 2 gekauft, um im Schnitt auf 30 Tage Restlaufzeit zu kommen. Der VIX 1 muss verkauft werden und der VIX 2 muss gekauft werden. Dadurch spielt die Terminstrukturkurve eine wichtige Rolle. Auch, ob ein Contango oder eine Backwardation vorhanden ist, ist wesentlich.

Ein Beispiel: Der Mai-Future hat noch 15 Tage Restlaufzeit und der Juni 45 Tage. Die Mischung der beiden Futures muss in Summe 30 Tage ergeben. Der VXX ist somit eine Zusammenstellung, die aus den VIX-Futures besteht, aus den beiden vordersten Kontrakten der VIX-Futures, deren Gewichtung sich kontinuierlich ändert. Das bedeutet, dass die im VXX enthaltenen Futures fortlaufend „gerollt" werden (der aktuelle Future wird verkauft und der nächste gekauft).

Mit Stand 10. Juni 2021 hat sich der VIX wie folgt zusammengesetzt:

Index Components(as of 06/10/2021)

Index Components	Weightings %
CBOE VIX Future JUL 11	84.21%
CBOE VIX Future JUN 11	15.79%

Abbildung 8: Quelle: www.ipathetn.com, Beschreibung: Zusammensetzung des VXX 10.06.2021

Die Terminstrukturkurve sieht in einer Contango-Situation wie folgt aus:

Abbildung 9: Quelle: www.Vixcentral.com; Bezeichnung: Contango Situation

VIX 1 = 19.100 wird verkauft und VIX 2 = 21.200 wird gekauft.

Die Differenz zwischen den einzelnen Zeitpunkten bzw. Futures wird uns im unteren Teil des Diagramms angezeigt. Zwischen VIX 1 (19.100) und VIX 2 (21.200) bestehen 2.10 Punkte Unterschied. Das sind 10,99% Differenz.

Wenn man jetzt permanent etwas verkauft (VIX 1 = 19.100), das „billiger" ist als dasjenige, das man kauft (VX 2 = 21.200), dann muss man automatisch Verluste machen. Das nennt man Rollverluste.

Durch das Rollen der Futures (Verkauf des vorderen Kontraktes, Kauf des hinteren Kontraktes) entsteht ein Rollverlust, aber nur, wenn sich die Terminstrukturkurve der VIX-Futures in einem Contango und nicht in einer Backwardation befindet, was der Normalfall ist.

Eine Backwardation kann unter Umständen schnell entstehen. In der nächsten Abbildung sehen wir eine solche Situation. Der vorderste Future ist teurer als alle folgenden. Dadurch entstehen Rollgewinne und der VXX steigt somit an, da etwas Teureres verkauft und etwas Günstigeres gekauft wird (Rollgewinne).

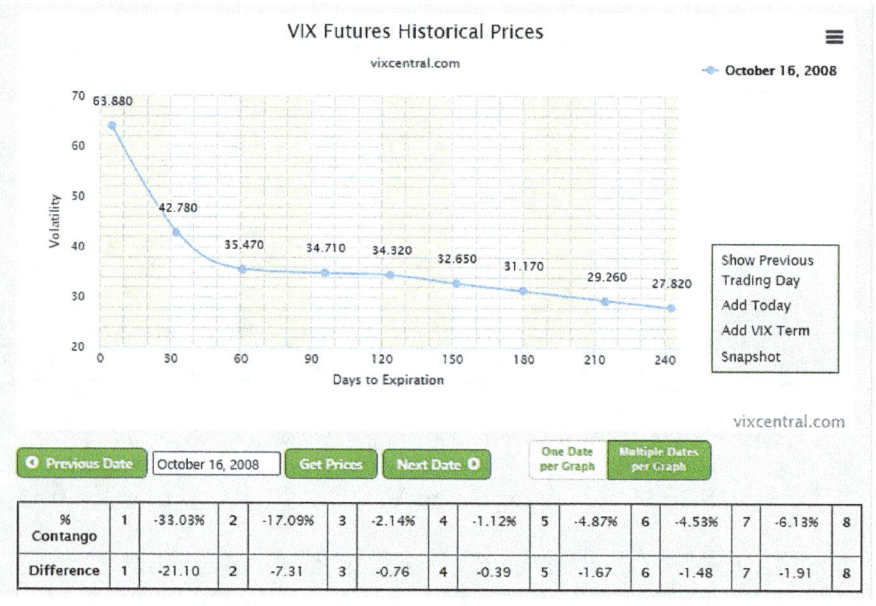

Abbildung 10: Quelle: www.Vixcentral.com; Bezeichnung Terminstrukturkurve für den 16.10.08

3.2. Typisches Verhalten des VXX

Aufgrund der Rollverluste tendiert der VXX langfristig abwärts, wie man bei einem Blick auf den Chart sofort erkennen kann.

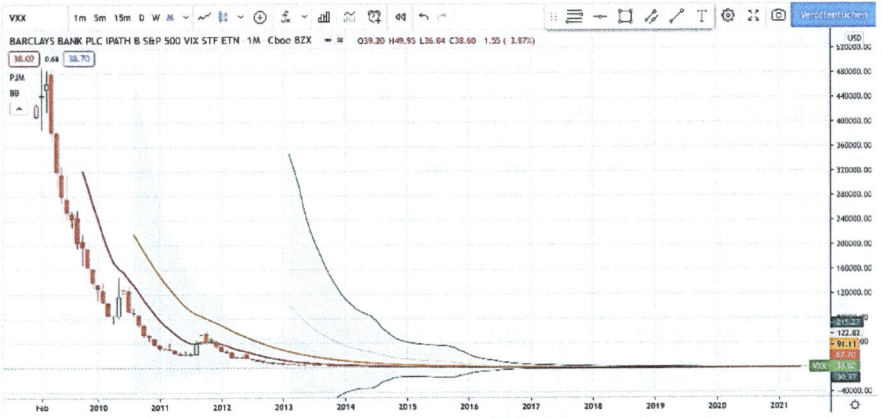

Abbildung 11: Quelle: tradingview; Bezeichnung: VXX Monatschart von 2009 bis 2021 vom 16.05.21

Muss man das alles verstehen? Ich empfehle es. Ich kenne aber Trader, die es nicht bis ins letzte Detail durchschauen, aber immer das Risiko im Fokus haben und dadurch auch erfolgreich sind. Sie nutzen die Schwankungen, um ihre Positionen aufzubauen und ihr Trading umzusetzen.

Abbildung 12: Quelle: Tradingview; Bezeichnung: VXX Wochenchart 2017 bis 2021 vom 16.05.21

Diese Schwankungen können sehr schnell eintreten und sehr extrem sein. Deshalb sind ein vernünftiges Money Management und eine Absicherung wichtig. Der VXX agiert üblicherweise wellenartig. Diese Welle gilt es zu reiten. Jedoch ist es schwierig, abzuschätzen, wann der Hoch- bzw. der Tiefpunkt ist. Ich nutze diverse Ampelzeichen, die mir mitteilen, dass die Übertreibung vorbei ist bzw. ein Anstieg bevorsteht. Mehr zu den für mich „richtigen" Einstiegen gibt es in den nächsten Abschnitten.

3.3. Wie hat sich der VXX im Corona-Crash verhalten?

War die Corona-Krise vorhersehbar? Nicht in dieser Form. Aber es hat Anzeichen in der Volatilität gegeben, die ein Hinweis auf Unruhe sind. Und genau bei diesen Unsicherheitszeichen müssen wir hellhörig werden. Deswegen ist es für mich wichtig, täglich die wichtigsten Indizes anzusehen und das Gesamtbild abzuschätzen. Dieser Schritt zurück, um den Blick auf das Große und Ganze zu haben, kann in entscheidenden Momenten wichtig sein. Man lernt die Nebengeräusche von einzelnen Themen und Aktien herauszufiltern und die Unruhe zu erkennen.

Beim Ausbruch der Corona-Krise ist der VXX vom 20. Februar bis zum 18. März um rund 480% gestiegen.

Abbildung 13: Quelle: Tradingview; Bezeichnung: VXX Tageschart Jänner bis Juni 2021

Da will man nicht auf der falschen Seite unterwegs sein, schon gar nicht gehebelt. Aber eines war klar. Der VIX und somit der VXX wird zurückkommen. Die Frage war nur, wann.

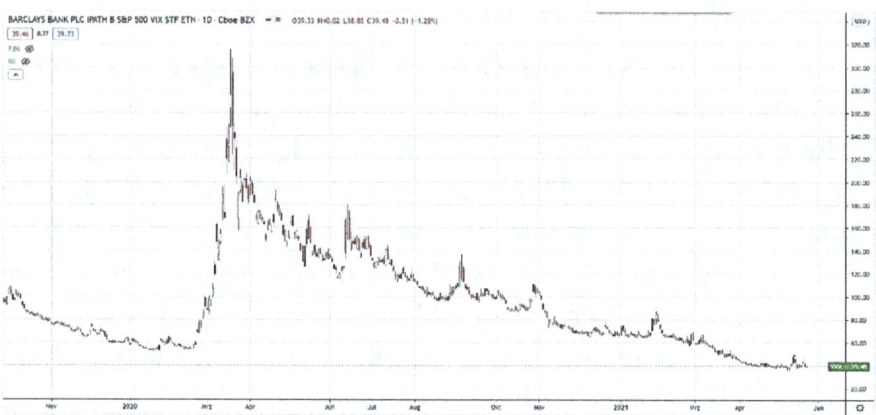

Abbildung 14: Quelle: Tradingview; Bezeichnung: VXX Tageschart

Von der Corona-Spitze bis Mitte Mai 2021 hat der VXX rund 87% an Wert verloren.

Abbildung 15: Quelle: Tradingview; Bezeichnung: VXX Wochenchart

Blicken wir nun etwas genauer auf die Tage Ende Februar 2020. Was können wir daraus lernen?

Am 24. Februar 2020 war der erste „extreme" Abwärtstag im S&P 500. Der Index fiel auch aus meinem kurzfristigen Trendkanal heraus. Er brach zwischen dem 21. und dem 28. Februar um rund 15% ein. Bei 15% kann man meines Erachtens noch nicht von einem Crash sprechen.

Abbildung 16: Quelle: Tradingview; Bezeichnung: S&P 500 Mini Future Tageschart

In dieser Zeit stieg, aufgrund der Unsicherheit, auch die Volatilität an. Das ist ein Signal für einen möglichen Einstieg in den VXX. Aber war das schon der Höhepunkt des Einbruchs? Wann der Hochpunkt erreicht ist bzw. wann die „Übertreibung" endet, kann man natürlich nicht punktgenau wissen. Trifft man immer den besten Einstieg? In der Regel nicht. Ich nutze dazu die Terminstrukturkurve.

Sehen wir uns an, wie sich die Terminstrukturkurve des VIX in dieser Zeit verhalten hat. Am 21. Februar waren wir noch in einer Contango-Situation. Somit war alles gut.

Abbildung 17: Quelle: www.Vixcentral.com; Bezeichnung: Terminstrukturkurve 21.02.20

Am 24. Februar (die erste größere Abwärtskerze im S&P 500) gab es die ersten Anzeichen für eine Backwardation. Wie wir schon wissen, werden die „früheren" Futures bei Angst und Panik teurer. Die Händler wollen sich kurzfristig absichern. Der VIX 1 stieg übers Wochenende von 16,925 auf 20,075. Ist dieser Wert schon extrem? Wie wir aus Abbildung 2: (Quelle: Tradingview; Bezeichnung: Darstellung VIX vom 16.05.21) wissen, hat der VIX einen Durchschnittswert der letzten Jahre/Jahrzehnte zwischen 16 und 18.

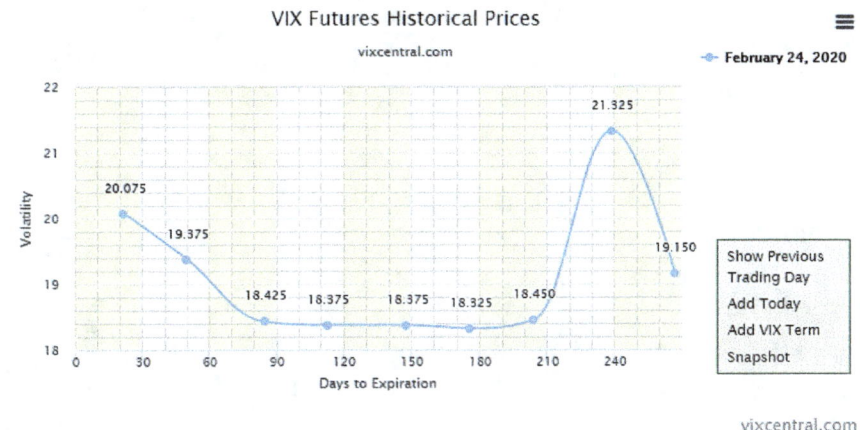

Abbildung 18: Quelle: www.Vixcentral.com; Bezeichnung: Terminstrukturkurve 24.02.20

Was passierte nun? Der S&P 500 fiel weiter und die Volatilität stieg weiter an.

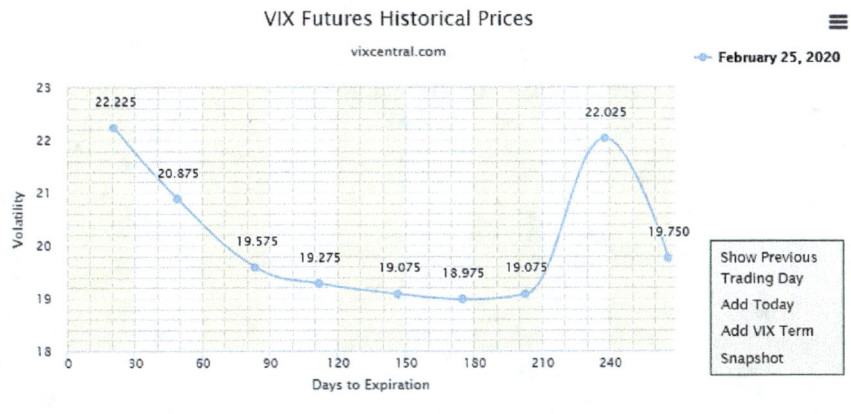

Abbildung 19: Quelle: www.Vixcentral.com; Bezeichnung: Terminstrukturkurve 25.02.20

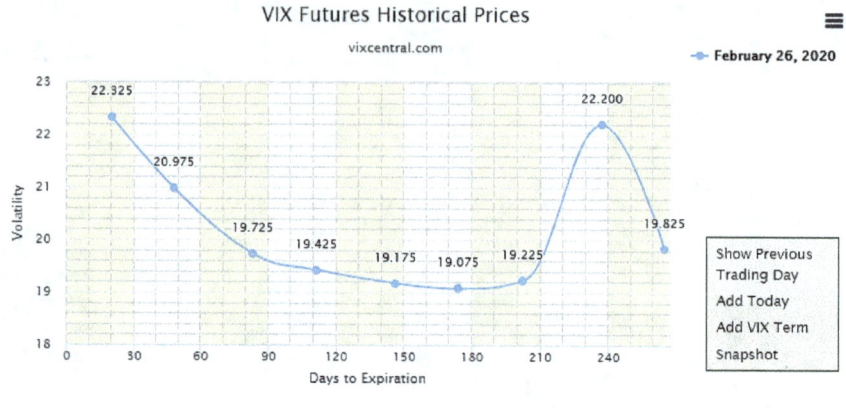

Abbildung 20: Quelle: www.Vixcentral.com; Bezeichnung: Terminstrukturkurve 26.02.20

Am 27. Februar gab der S&P nochmals um rund 5% nach. Der VIX 1 war schon auf 26,275 angestiegen.

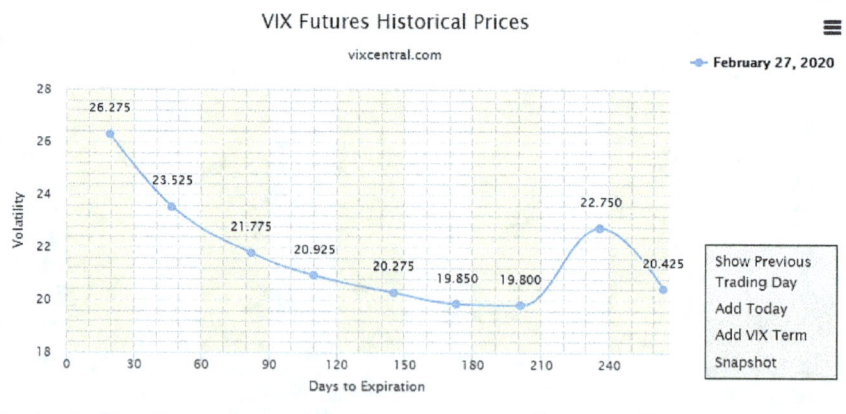

Abbildung 21: Quelle: www.Vixcentral.com; Bezeichnung: Terminstrukturkurve 27.02.20

Abbildung 22: Quelle: www.Vixcentral.com; Bezeichnung: Terminstrukturkurve 28.02.20

Der VIX hatte im Hochpunkt mit rund 85 Punkten notiert und sank in weiterer Folge wieder.

Abbildung 23: Quelle: Tradingview; Bezeichnung: VIX Tageschart

Eines der Signale für einen Short-Trade, um die Rollverluste zu nutzen, ist für mich der Rückgang der Backwardation in Contango. Vom 18. März 2020 bis zum 30. März 2020 sank der VIX 1 von über 70 Punkten auf rund 50 Punkte.

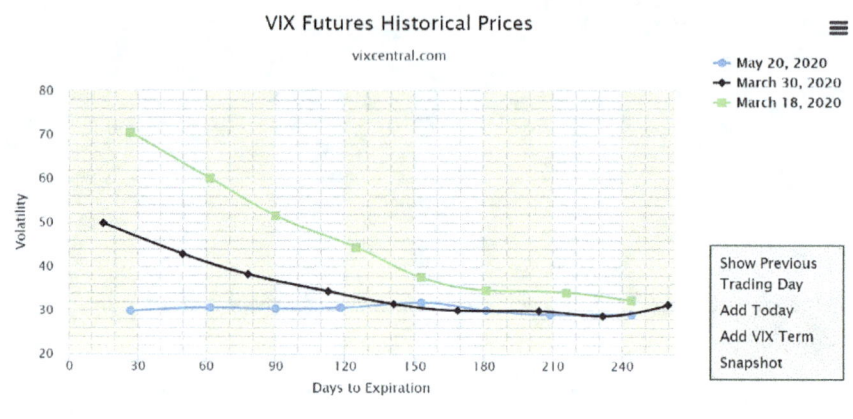

Abbildung 24: Quelle: www.Vixcentral.com; Bezeichnung: Terminstrukturkurven im Vergleich

Der VXX sank in dieser Zeit von 350 Punkte auf 200. Für Daytrader sind schnelle Reaktionen wichtig und deswegen sind solche Situationen für sie gut nutzbar. Für besonnen und langfristig denkende Händler ist es eine gute Einstiegsmöglichkeit oder zumindest eine Abwarteposition. Wusste man damals, wie hoch der VXX noch steigen wird? Nein, aber kleinere Positionen konnte man schon aufbauen (mehr dazu im Teil „Handel mit dem VXX"). Als Ergänzung sehen wir in der oberen Abbildung die Darstellung der Terminstrukturkurve vom 20. Mai 2020. Man erkennt die Entspannung bei den vorderen Futures. Der VIX 1 notierte zu diesem Zeitpunkt bei rund 30 Punkten.

VXX

Abbildung 25: Quelle: Tradingview; Bezeichnung: VXX Tageschart

Ab dem Zeitpunkt eines nachhaltigen Rückgangs von Backwardation in Contango kann man mit weiteren Positionen in den Markt gehen. Muss es immer eine Pandemie geben, um Trades aufzusetzen? Nein, aber es war eine großartige Trading-Chance, aber zugleich auch eine große Gefahr, falls die Unsicherheit noch einmal anziehen würde. In der Regel gibt es öfters gute Einstiege. Wenn man an die „Gesundheit" des Marktes glaubt, kann man im VXX die einzelnen „Schnapper" nach oben nutzen, um Short-Positionen mittels Optionen oder auch direkt im CFD aufzubauen. Selbstverständlich kann man in entspannten Situationen auch Long-Positionen aufbauen, man sollte nur immer die Rollverluste im Auge haben.

VXX

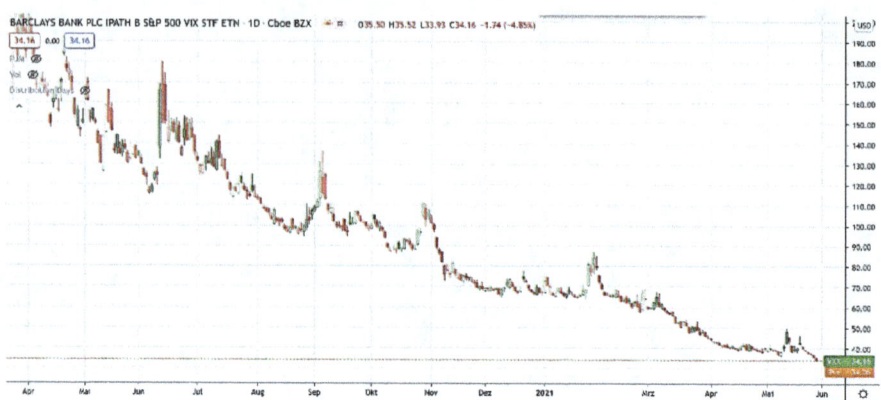

Abbildung 26: Quelle: Tradingview; Bezeichnung: VXX Tageschart

3.4. LernBox 3 - Volatilität handeln

- ✓ Den VIX kann man nicht direkt handeln – es ist ein synthetischer Index.
- ✓ Der VXX ist ein ungehebelter ETN und bildet die ersten beiden Futures des VIX ab.
- ✓ Durchschnittliche Restlaufzeit von 30 Tagen
- ✓ Contango = Rollverluste, Backwardation = Rollgewinne
- ✓ Schnelle Schwankungen sind möglich.

Übersicht der Abschnitte:

1. Einleitung
2. Volatilität
3. Wie kann man die Volatilität handeln - der VXX
4. **Mein Handel mit dem VXX**
5. Absicherung des Gesamtportfolios mit Volatilitätsprodukten
6. Resümee

XXV

4. Mein Handel mit dem VXX

Fassen wir die wichtigsten Überlegungen kurz zusammen. Durch die Rollverluste wissen wir, dass der VXX immer weniger wert sein wird. Wie großartig ist das!!!! Wir brauchen nur short zu gehen und verdienen dadurch Geld. Die Zeit arbeitet für uns. Das klingt zu einfach, um wahr zu sein. Es gibt wichtige Parameter, die man beachten muss. Grundsätzlich ist auch die jeweilige Kontogröße wichtig. Ich rate generell vom Handel auf Margin und Kredit ab.

Es ist wichtig zu verstehen, ob aktuell Rollverluste (Contango) oder Rollgewinne (Backwardation) entstehen (Verkauf VX 1 und Kauf VX 2). Rollgewinne sind in der Regel sehr selten. Aber das ist eine interessante Zeit für den Handel bzw. unter Umständen ein Startsignal für mögliche Trades mit dem VXX.

Da der Preis des VXX irgendwann gegen 0 läuft, wird dieser regelmäßig neu aufgesetzt. Für den „Herausgeber" ist es einfach interessanter, wenn der VXX den Wert 40 hat und nicht 0,023. Bei einer „Bereinigung" wird der Wert automatisch im System geändert. Man muss nichts dazu beitragen. Diese Bereinigung kann man auch als „Reverse Split" bezeichnen. Ich empfehle diese Tage im Fokus zu haben, vor allem, wenn man mit Optionen unterwegs ist, da diese Optionen unter Umständen nicht mehr liquide sein könnten. Üblicherweise wird man von seinem Broker darauf hingewiesen. Alternativ kann man sich auch beim jeweiligen Anbieter des ETN bzw. CFD informieren. Long- oder Short-Positionen konnte ich problemlos über den Reverse Split halten. Sämtliche Werte in diesem Buch werden bereinigt dargestellt.

Aufgrund der Rollverluste eignet sich der VXX nicht als langfristige Absicherung. Wenn etwas automatisch weniger wert wird, macht es langfristig keinen Sinn, es auf Dauer zu halten. Für kurzfristige Absicherungen kann ich ihn empfehlen. Man muss nur wissen, wann es sinnvoll ist.

4.1. Direkt den VXX handeln

Eine Möglichkeit, den VXX zu handeln, ist, direkt das ETN. Für europäische Händler bzw. Privatanleger gibt es hier Einschränkungen. Es existiert jedoch die Möglichkeit, einen CFD auf das Underlying zu handeln. Das bedeutet, man kann direkt im CFD long oder short gehen. In der Regel sind die Werte und auch die Bid/Ask-Spannen gleich wie beim ETN.

Die ersten Trades empfehle ich allerdings im Papertrading. Man sollte sich langsam herantasten, indem man ein paar wenige Stück handelt. Wenn man den Hebel zu groß ansetzt und auf der falschen Seite unterwegs ist, kann es ziemlich schnell schmerzhaft werden. Das kann sogar bis zum Konto-Crash bzw. Margin Call gehen.

Im direkten VXX Handel unterscheide ich zwischen kurzfristigem Handel und langfristiges Nutzen der Rollverluste.

4.1.1. Langfristiges „Investment" - Rollverluste nutzen

Einfaches Prinzip: Ich shorte den VXX, wenn er angestiegen ist.

Finde ich den bestmöglichen Einstiegspunkt? Definitiv nicht. Deswegen überlege ich mir, wie viel ich investieren will. Eine meiner Faustformeln ist maximal 2 bis 3% des Depots zu shorten, da ich immer mit einer Verfünffachung innerhalb von ein paar Tagen rechne (wenn ich ohne Absicherung handle). Bei einem 100.000-Dollar-Depot würde ich zum Beispiel mit rund 2.000 Dollar zu einem sinnvollen Zeitpunkt im CFD short gehen. Diese Summe teile ich meistens in Drittel auf. Bei einem Hochpunkt im

VXX bzw. einem Tagestiefpunkt im S&P 500 investiere ich mein erstes Drittel. Ist der VXX weiter angestiegen, kommt das zweite Drittel dran. Das letzte Drittel hebe ich mir meistens für weitere Extrempunkte auf.

Was ist das Ziel? Ich will möglichst nahe am Hochpunkt short gehen, um mittel- bzw. langfristig vom Abfall der Volatilität bzw. des VXX zu profitieren.

Ein sehr guter Einstiegstag war der 12. Mai 2021. Am Vortag hatte der VXX bei rund 41,20 geschlossen. Im Laufe des 12. Mai stieg er bis auf fast 50 an. Das sind rund 20% Anstieg an einem Tag. Aufgrund der äußeren Umstände ging ich von einer „Übertreibung" aus. Bei rund 46,60 ging ich mit dem ersten Drittel short, bei rund 49,20 mit dem zweiten Drittel.

Abbildung 27: Quelle: Tradingview; Bezeichnung: VXX Minutenchart

Nach dem ersten Drittel setze ich meistens eine automatische Position für das zweite Drittel auf, in diesem Fall mit dem Verkauf bei 49,20. Im Laufe des Tages wurde mir dann die zweite Short

Position eingebucht. Mein Durchschnittskurs lag somit bei 47,90.

Abbildung 28: Quelle: Tradingview; Bezeichnung: VXX Tageschart

Muss man immer vor dem Rechner sitzen? Nein, wenn man sich traut, kann man die Position einstellen und warten, ob etwas passiert. Da das mit einem Risiko verbunden ist (Schwarzer Schwan – der Markt fällt innerhalb kürzester Zeit), würde ich bei dieser Variante die Position eher klein halten und mit der Limit-Order weit weg vom aktuellen Wert des Underlyings gehen.

In weiterer Folge kann man sich eine Absicherung überlegen (mehr dazu in späteren Kapiteln) und ansonsten das Ganze seinen Lauf nehmen lassen. Würde ich die Short-Positionen ewig laufen lassen? Nein, in der Regel teile ich auch den Rückkauf auf mehrere Teile auf. Ich versuche die bereits erwähnten Wellen des VXX zu „reiten". Für mich funktioniert beim VXX zwar der klassische Trendkanal nicht, aber er gibt mir einen Hinweis, wo wir uns ungefähr befinden. Ich setze meistens einen Rückkauf für das erste

Drittel (GTC – good till canceled). In diesem Fall wählte ich mir 34 Dollar als positiven Exit aus. Das wären rund 29% Gewinn. Dabei hielt ich mich an den groben Trendkanal, um den positiven Exit zu planen. Am 27. Mai 2021 war es dann so weit. Der erste Teil der Short-Position wurde mit Gewinn zurückgekauft.

Abbildung 29: Quelle: Tradingview; Bezeichnung: VXX Tageschart

Sollte es in der Zwischenzeit einen Ausschlag nach oben geben, muss man natürlich dementsprechend darauf reagieren. Wenn die Position bereits im Gewinn ist, kann man natürlich auch mit einem Stopp oder einer Trailing-Order agieren. Es ist auch extrem wichtig zu wissen, bis zu welchem Punkt „verkrafte" ich eine Position, die gegen mich läuft. Der Stopp ist, wie bei allen Trades, wichtig. Bis wohin gehe ich und ab wann will ich nicht mehr dabei sein. Ohne einen vorher festgelegten Stopp sieht man oftmals zu, wie die Position immer weiter gegen einen läuft. Hier wird dann die mentale Stärke getestet. Deswegen rechtzeitig den Ausstieg wählen! Denn vermutlich bekommt man eine noch bessere Einstiegsmöglichkeit. Und wenn nicht, abhaken und die nächste

Chance abwarten!

Einer meiner Ausbildner hat einmal gemeint: „Der Trade des Jahres kommt einmal in der Woche!".

Um dir den Einstieg in deine ersten Aktionen zu vereinfachen, habe ich einen Ablaufplan für dich:

1. Was macht der Gesamtmarkt?
    a. Steigend/fallend?
    b. Aktueller Wert über den wichtigsten gleitenden Durchschnitten?
2. Was macht der VIX?
    a. 16 - 18 Punkte sind in der Regel der Durchschnitt → notieren wir darüber oder darunter?
    b. Wie hat sich der VIX in den letzten Tagen verhalten?
3. Wo steht der VXX und wie hat er sich in den letzten Tagen verhalten?
4. Besteht ein Contango oder eine Backwardation-Situation?
5. Risiko einschätzen – Margin beachten!
6. Absicherung überlegen und auswählen!
7. Den Handlungsplan samt Ausstieg (negativ und positiv) festschreiben!

4.1.2. Kurzfristiges Traden

Das Underlying und die Option sind in der Regel sehr liquide. Dadurch kann man sich dem Ganzen auch im Daytrading nähern. Das ist aber nur etwas für Erfahrene. Wie schon erwähnt, gibt es auch Tagessteigerungen von rund 20%. Das Wichtigste ist, Stopps zu setzen und diese auch einzuhalten. Der VXX kann innerhalb von wenigen Minuten springen. Mein kurzfristiges VXX-Trading ist oftmals anlassbezogen. Es macht für mich nur Sinn, wenn das Underlying sich ordentlich bewegt. Mitte Mai 2021 war das mehrmals der Fall, vor allem auch im Verlauf eines Handelstages. Es waren zum Beispiel die Inflationsdaten, die für Verunsicherung sorgten. Ob die Reaktion übertrieben war oder nicht, lässt sich oftmals nur im Nachhinein beurteilen. Das Thema Daytrading im VXX ist spannend, aber sicher nicht für alle sinnvoll. Wie schon besprochen, ist es nicht mein Ziel, über Nacht reich zu werden, sondern ein System aufzusetzen, das langfristig Einnahmen bringt. Erfahrene Daytrader können gerne diese Erläuterungen zum VXX nutzen, aber aus den erwähnten Gründen will ich nicht weiter auf das kurzfristige Handeln eingehen.

4.1.3. LernBox 4

- ✓ Man kann zwischen lang- und kurzfristigem Trading unterscheiden.
- ✓ Es macht Sinn, die Positionen aufzuteilen und nicht alles auf einmal zu investieren.
- ✓ Vorher den worst case überlegen.
- ✓ Wann steige ich aus? Im Positiven sowie im Negativen.
- ✓ Welche Absicherung wähle ich?

4.2. Nicht direktes Handeln – Optionen

Das Thema Optionen und deren Handel wird in der breiten Öffentlichkeit oftmals als das „Böse" bezeichnet. Denn man kann mit extremem Hebel arbeiten und wenn es schief geht, ist alles weg. Wir erfahrenen Optionshändler wissen, dass es, wenn man es sinnvoll einsetzt, genau das Gegenteil ist. Ich kann mit weniger Risiko arbeiten (beim Optionskauf kann ich maximal die investierte Prämie verlieren) und ich kann mich versichern (ich zahle die Prämie als Versicherungssumme). Dass es immer wieder Personen geben wird, die das Letzte aus Optionen herausquetschen wollen, liegt vermutlich in der Natur des Menschen. Positiv eingesetzt, sind sie eine grandiose Möglichkeit, sein Kapital zu schützen.

4.2.1. Exkurs Optionsverkauf

Beim Optionshandel bedienen wir uns mathematischer Kenngrößen. Es gilt, die Wahrscheinlichkeit auf unserer Seite zu haben. Ich bin grundsätzlich ein Freund von Stillhaltergeschäften (Verkauf von Optionen). Denn ich muss dabei nicht wissen, wo das Underlying in einer gewissen Zeit ist. Ich muss nur wissen, wo es nicht sein wird. Das macht es mathematisch einfacher. Der Profi verwendet dazu die Standardabweichungen und die sogenannten Griechen (Gamma, Vega, Delta, Theta). Es schadet nicht, sich mit diesen Themen zu beschäftigen. Ist es unbedingt erforderlich, sich bis ins letzte Detail auszukennen? Nein. Ich bin aber der Überzeugung, wenn man langfristig erfolgreich sein und zusätzlich die Risiken im Auge haben will, sollte man davon zumindest ein Grundverständnis haben. Man sollte zum Beispiel wissen, was den Optionspreis beeinflusst. (Und nein, es ist nicht nur die Bewegung des Underlyings!)

Der Optionskauf macht einen Hebel möglich. Ich kann für wenig Geld viel bewegen. Im klassischen Optionshandel bei Aktien vermeide ich die Optionskäufe, da mir der Zeitwertverfall zu teuer ist. Es kann sein, dass ich einmal eine Absicherungsoption kaufe. Ich handle zum Beispiel gerne Optionen auf den S&P 500, die weit aus dem Geld sind. Da erwarte ich einen Anstieg der Volatilität. Der genaue Leser merkt schon, ich bin ein Fan von Volatilität. Sie ist zwar nicht so berechenbar wie der Zeitwertverfall, kann aber ein Boost in beide Richtungen sein.

Meine Grundeinstellung im Aktien- und Optionshandel: Ich verkaufe Optionen (in der Regel Puts) beim Delta 20 (Eine etwas nähere Erläuterung zum Thema „Delta" folgt später.) mit einer Laufzeit zwischen 10 und 30 Tagen. So komme ich mit dem Strikepreis weit genug vom aktuellen Preis des Underlyings weg und bekomme trotzdem noch eine gute Prämie. Das Delta ist die mathematische Ausübungswahrscheinlichkeit aus Käufersicht Dies bedeutet eine Andienungswahrscheinlichkeit von 20% (Delta 0,20 = 20% Andienungswahrscheinlichkeit). Wenn ich unbedingt eingebucht werden will, gehe ich natürlich näher zum aktuellen Preis des Underlyings, in sehr seltenen Fällen sogar darüber hinaus.

4.2.2. Call verkaufen

In der Regel trade ich Optionen auf den VXX für „bearische" Tendenzen. Wenn die Volatilität angestiegen ist, ist es für mich Zeit, Calls zu verkaufen. Man kommt mit dem Strikepreis weit weg vom aktuellen Stand des Underlyings.

Wenn der VXX meiner Einschätzung nach schon relativ hoch ist, lasse ich mich auch gerne durch den Call short einbuchen (Erläuterung: Wenn man einen Call verkauft, hat der andere das Recht, das Underlying von mir zu kaufen.). Diese Variante verwenden manche Trader für einen laufenden Cashflow. Sie verkaufen immer wieder Calls und lassen die Short-Position bei Andienung laufen, bis sie zumindest wieder im Plus sind. Da, wie schon mehrfach erwähnt, der VXX extreme Bewegungen machen kann, muss das Risikomanagement passen und man sollte wissen, wie man sich absichert und wann man aussteigt.

Praxisbeispiel

Ich erzähle dir nun von meinem Trading am 19. Mai 2021. Die Börse hatte gerade geöffnet und der VXX notierte bei rund 43,27. Der Verkauf eines Calls mit einer Laufzeit von 16 Tagen hätte rund 72 Dollar gebracht. Das bedeutet, der VXX hätte in 16 Tagen um rund 38% steigen müssen, dann wäre ich short eingebucht worden. Die Prämie hätte ich aber trotzdem behalten dürfen. Die implizite Volatilität lag zu diesem Zeitpunkt bei 93,9%. Wer die Werte bei Aktienoptionen verfolgt, der weiß, dass dies ein sehr hoher Wert ist. Und was wollen wir beim Optionsverkauf? Eine hohe Volatilität und einen hohen Zeitwertverfall.

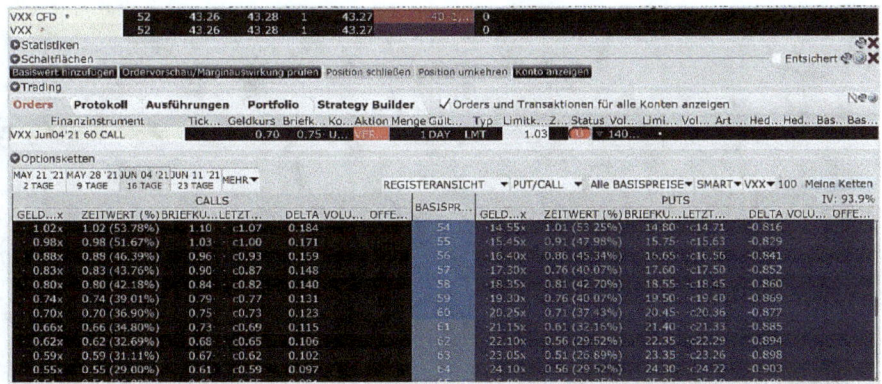

Abbildung 30: Quelle: TWS von Interactive Brokers; Bezeichnung: VXX Optionsketten vom 19.05.21

Der maximale Gewinn wäre 70 Dollar und der maximale Verlust unendlich. Und genau das muss man immer berücksichtigen. Wie man sich dagegen schützt, folgt im nächsten Kapitel.

Das Delta war bei 0,123. Das bedeutet eine theoretische Gewinnwahrscheinlichkeit von 100 – 12,3 = 87,7% plus Prämie.

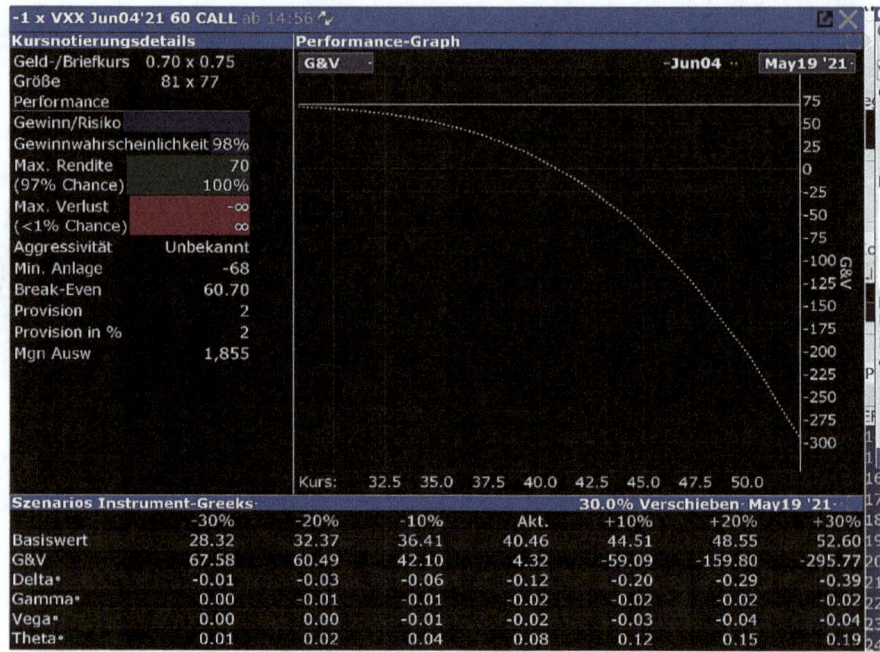

Abbildung 31: Quelle: TWS von Interactive Brokers; Bezeichnung: VXX Details zur Option vom 19.05.21

Machte ich diesen Trade? Nein, die Prämie war mir für dieses Risiko zu gering. Ich wartete nach Börsenstart etwas zu und wurde für das Warten belohnt. Ich setzte in weiterer Folge diesen Trade um:

Untertags gab es einen weiteren Vola-Anstieg. Diesen wollte ich mir zu Nutze machen. Wusste ich, wie weit der VXX steigen kann? Nein. Wusste ich, ob der Anstieg Tage dauert? Nein. Deswegen teilte ich mein „Invest" auf und ich wusste, wann ich den Ausstieg wähle.

In den Tagen davor war es schon sehr volatil gewesen. Und deswegen legte ich mich auf die Lauer. Das bedeutet nicht, dass man die ganze Zeit vor dem Rechner sitzen muss. Aber es hilft natürlich.

Abbildung 32: Quelle: Tradingview; Bezeichnung: VXX 15-Minutenchart

Meine Gedanken/ mein Erlebnis dazu:

Mein Erfahrungswert ist, dass der VXX innerhalb von ein paar wenigen Tagen schon einmal um rund 20 bis 30% schwanken kann. Vom damaligen Ausgangswert des VXX von rund 45 Dollar plus 30% wäre ich bei einem Strikepreis von knapp unter 60 Dollar gelandet. Nach Durchsicht der angebotenen Prämien bei den unterschiedlichen Strikepreisen habe ich bemerkt, dass ich für einen 67er Strikepreis rund 120 Dollar bekomme.

Das bedeutet, ich bin mit dem Strikepreis fast 50% vom aktuellen Preis entfernt und bekomme dafür auch noch eine tolle Rendite. Im Zweifel würde ich mich andienen lassen und die Short Position halten und langfristig von den Rollverlusten profitieren. Aber was passiert, wenn der VXX weiter steigt. Da ich niemals mit einem Schuss mein ganzes Pulver verschieße, habe ich noch für weitere Trades Platz gelassen. Ich habe den Rückkauf auf den 67er Call bei 60% Gewinn aufgesetzt (Details dazu etwas später) und zusätzlich eine Position für den Verkauf eines 72er Calls mit einer Prämie von 119 Dollar in die TWS gegeben und bin einen Kaffee trinken gegangen. (Entspanntes Traden ist DAS WICHTIGSTE – ich war lange genug zu unentspannt.)

Bei meiner Rückkehr habe ich festgestellt, dass der 72er Call auch verkauft worden ist. Kurze Nervosität – wie sehr bin ich mit meinem 67er Call im Minus??????

Gar nicht. In einer Vola-Spitze ist mein 72er Call, der inzwischen schon im Plus gewesen war, verkauft worden. Ich habe die einzelnen Werte überprüft, die Margin-Auslastung kontrolliert und habe noch einmal über eine Absicherung nachgedacht. (Dazu gibt es etwas später einige Details.)

Abbildung 33: Quelle: Tradingview; Bezeichnung: VXX 1-Minutenchart für den 19.05.21

Ich setze den Rückkauf der Option für die ersten zwei Tage in der Regel auf rund 60% Gewinn mit einer GTC-Order ins System. Die Tage danach steigere ich den Rückkauf auf rund 80% der Prämie. Viele machen es anders und setzen den Rückkauf von Beginn an auf 80%. Ich denke mir, wenn ich 60% des Optionswertes

VXX

innerhalb eines Tages Gewinn mache, dann nehme ich ihn dankend an und verkaufe in einer extremeren Situation wieder die 100%. Denn wie oft hat man sich schon geärgert, wenn der scheinbare Gewinn wieder verloren gegangen ist.

Ich versuche immer mehrere Stück der jeweiligen Option zu verkaufen. Der Vorteil ist, dass man den Rückkauf auf mehrere Gewinnhöhen aufteilen kann. Die erste Option bei 60%, die zweite bei 80%. Für mich ist es ein entspannteres Trading, wenn ich den ersten Teil der verkauften Optionen schon im „Ziel" habe.

Am nächsten Tag habe ich Folgendes im Handlungsprotokoll gefunden. Zwei automatische Rückkäufe mit Gewinn:

Aktion	Basiswert	Finanzinstrument	Beschreibung	Put/...	Menge	Kurs	Zeit	Provi...	Realisier...
BOT	VXX	VXX Jun04'21 67 CALL	JUN 04 '21 67 Call...	Call	1	0.46	MAI 20 16:16:25	1.08	72.25
BOT	VXX	VXX Jun04'21 72 CALL	JUN 04 '21 72 Call...	Call	1	0.45	MAI 20 15:42:50	0.66	72.25
SLD	VXX	VXX Jun04'21 72 CALL	JUN 04 '21 72 Call...	Call	1	1.19	MAI 19 16:15:09	1.09	
SLD	VXX	VXX Jun04'21 67 CALL	JUN 04 '21 67 Call...	Call	1	1.20	MAI 19 15:50:12	0.67	

Abbildung 34: Quelle: TWS von Interactive Brokers; Bezeichnung: Handelsübersicht vom 20.05.21

Das nenne ich ein entspanntes Trading. Hätte ich mehr Gewinn gemacht, wenn ich die Option bis 80% Gewinn hätte laufen lassen? Definitiv! Wäre es möglich gewesen, die ganzen unrealisierten Gewinne wieder abzugeben? Auf jeden Fall! Deswegen bin ich von meiner 60%/80%-Regel überzeugt. So hat es sich im Chartprogramm dargestellt:

Abbildung 35: Quelle: Tradingview; Bezeichnung: VXX 5-Minutenchart

Ich habe vom Verfall der Volatilität profitiert. Der Zeitwertverfall ist überschaubar gewesen– innerhalb eines Tages passiert nicht viel. Und deswegen mag ich die Trades mit der Volatilität.

Nicht jeder Trade läuft so effizient ab. War Glück dabei? Ganz sicher! Das Glück des Tüchtigen! Ich wusste, wann ein Einstieg Sinn macht, ich wusste, wann ich aussteige – im positiven und im negativen Sinn - und ich kannte mein Risiko. Es ist wichtig zu berechnen, ob es Sinn macht, sich einbuchen zu lassen und die Short-Position auszusitzen. Das ist mit einem großen Konto einfacher. Alternativ kann man bei 200% Verlust im Prämienwert zurückkaufen (wie man es aus dem „klassischen" Aktienoptionshandel kennt) und weiter höher einen neuen Call verkaufen („Rollen"). Ich würde aber nur rollen, wenn es das Umfeld hergibt. Manchmal muss man einen Verlust realisieren und akzeptieren, dass es gerade nicht passt. Wenn ich von einer Übertreibung über ein paar wenige Tage ausgehe, dann rolle ich. Würde ich in einem Anstieg wie zur Zeit des ersten Corona-Lockdowns rollen? Nein, sicher nicht! Da realisiere ich den Verlust und steige später wieder ein, wenn die Vola wieder etwas im Sinken ist.

Mein wichtigstes Learning:

Ich verkaufe den VXX in der Regel nicht in den Anstieg. Es ist viel sinnvoller, nach dem Einsetzen der Erholung einzusteigen. Bekomme ich dann den besten Einstiegspreis? Nein, aber das Gröbste ist vermutlich vorbei. Und wenn nicht, dann gehe ich mit meiner Drittel-Methode auch nicht gleich unter. Das Timing ist beim VXX wichtig, aber man trifft in der Regel nicht den besten Punkt. In der nächsten Darstellung ist mein wichtigstes Learning noch einmal festgehalten. Man muss nicht beim stärksten Wind mutig sein und seine Positionen und sein Geld in den Markt werfen. Einsteigen, wenn sich der Sturm gerade legt, reicht vollkommen aus.

Abbildung 36: Quelle: Tradingview; Bezeichnung: VXX Tageschart

4.2.3. Absicherung durch einen Optionskauf - Bear Call Spread

Die Optionen funktionieren in der Regel gleich dem Aktienoptionsmarkt (1 Kontrakt = 100 Stk des Underlyings). Da 100 Stück für viele Depots zu groß sind, kann man auch eine Absicherung dazu kaufen. Beim Bear Call Spread verkauft man den bereits erwähnten Call und kauft einen Call mit einem höheren Strikepreis. Dadurch verringert sich die Margin und natürlich auch das Risiko.

Sehen wir uns einmal ein Beispiel aus der Praxis an. Annahme: Der VXX notiert bei rund 40 Dollar. Man könnte für eine Laufzeit von 26 Tagen einen

- o 45er Call verkaufen und einen
- o 50er Call kaufen.

Wir bekommen rund 295 Euro Prämie für den verkauften Call und bezahlen rund 225 Dollar für den gekauften Call. Wir bekommen somit 70 Dollar Prämie. Der maximale Verlust beträgt rund 430 Dollar. Wie errechnet sich das?

Prämie verkaufter Call + 295   Dollar
Prämie gekaufter Call - 225   Dollar
Ergebnis   + 70   Dollar Einnahme (gerundet)

Das maximale Risiko beträgt 50 (SP gek. Call) - 45 (SP verk. Call) =5 * 100 Stück – 70 Prämie = rund 430 Dollar

Die Gewinnwahrscheinlichkeit liegt lt. TWS bei rund 71%.

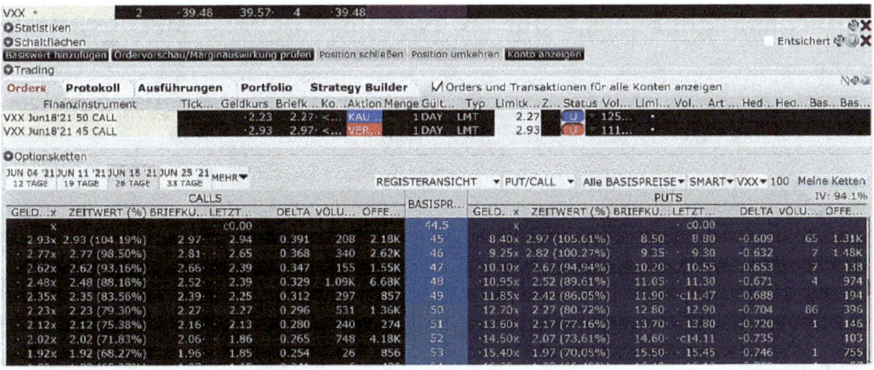

Abbildung 37: Quelle: TWS von Interactive Brokers; Bezeichnung: VXX Optionsketten

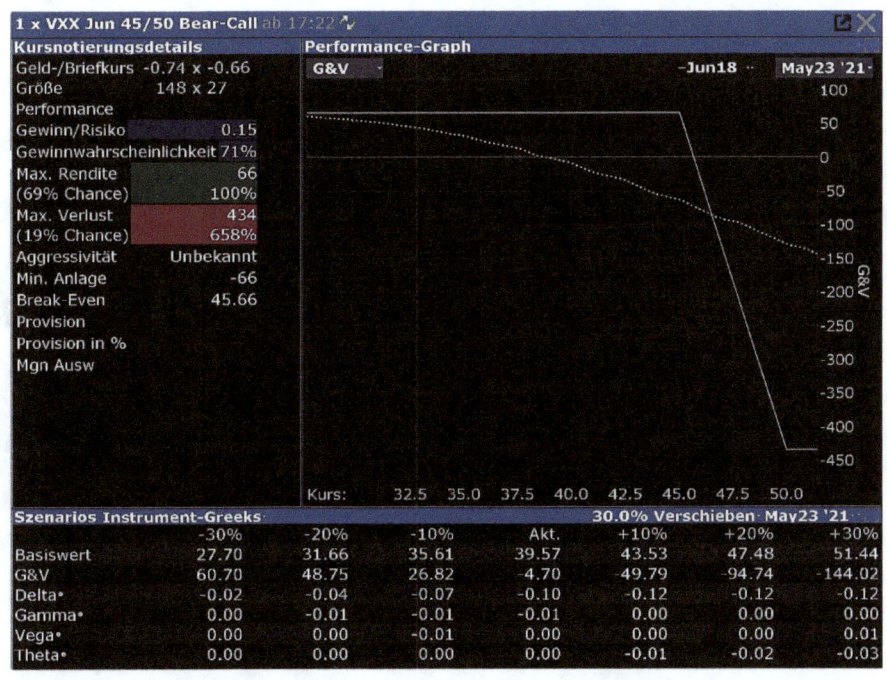

Abbildung 38: Quelle: TWS von Interactive Brokers; Bezeichnung: VXX Details zur Option

Alternativ könnte man für 33 Tage Laufzeit folgendes Konstrukt aufbauen:

- o 50er Call verkaufen und einen
- o 60er Call kaufen

Wir bekommen rund 269 Euro Prämie für den verkauften Call und bezahlen rund 179 Dollar für den gekauften Call. Wir bekommen somit 90 Dollar Prämie. Der maximale Verlust beträgt rund 910 Dollar.

Prämie verkaufter Call + 269 Dollar
Prämie gekaufter Call - 179 Dollar
Ergebnis + 90 Dollar Einnahme (gerundet)

Das maximale Risiko beträgt 60 - 50 = 10 * 100 Stück – 90 Prämie = rund 910 Dollar

Die Gewinnwahrscheinlichkeit beträgt lt. TWS rund 80%.

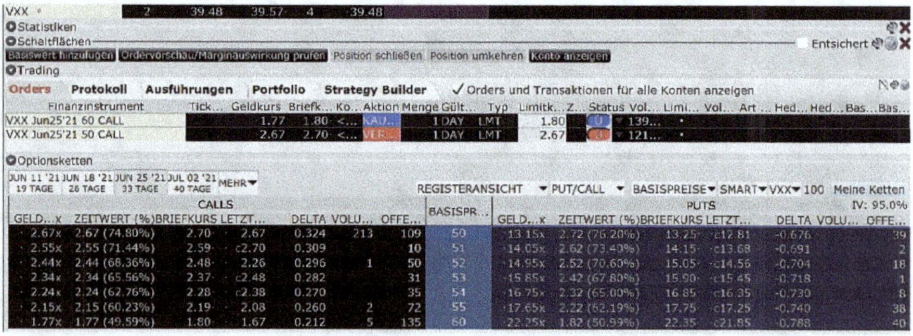

Abbildung 39: Quelle: TWS von Interactive Brokers; Bezeichnung: VXX Optionsketten

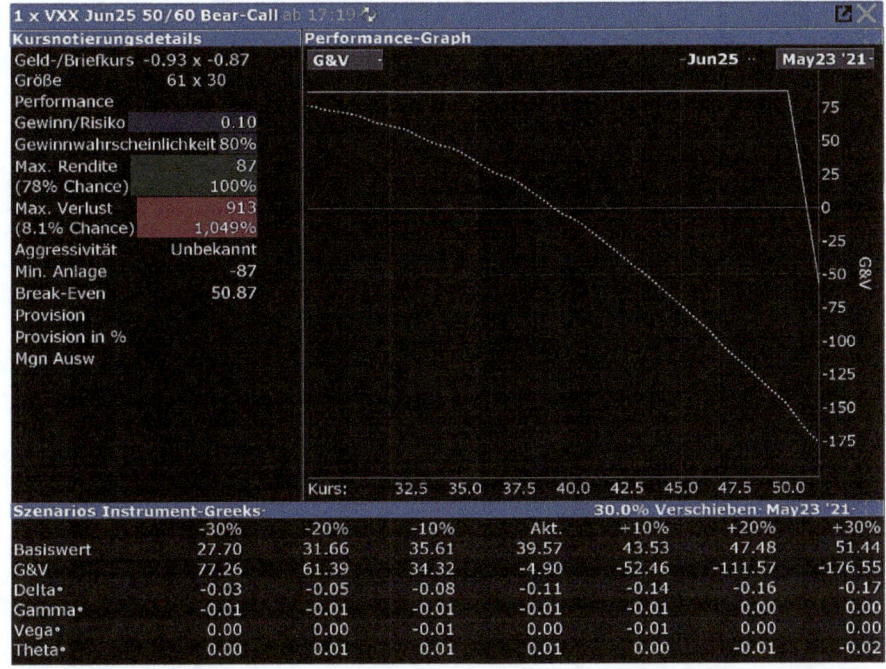

Abbildung 40: Quelle: TWS von Interactive Brokers; Bezeichnung: VXX Details zur Option

In der Umsetzung muss jeder selbst entscheiden, wieviel ihm eine Absicherung wert ist.

Ganz am Anfang des Buches habe ich von Tunern und Frisierern gesprochen (meistens Männer). Ich zeige dir einmal meine frisierte Variante des Bear Call Spread:

Ich mache es so, dass ich mir einen lange laufenden Call kaufe, anstatt zu jedem verkauften Call eine kurzfristige Absicherung. Das bedeutet, ich verwende eine Versicherung öfters. Dadurch spare ich mir den Zeitwertverfall. Aber wie wir wissen, hat der VXX Rollverluste und dadurch ist der Strikepreis des gekauften Calls möglicherweise irgendwann zu weit vom aktuellen Preis des Underlyings entfernt. Deswegen kaufe ich mir gerne Absicherungen, wenn sie günstig sind, wenn der VXX weit gesunken ist. Denn zu dem Zeitpunkt will keiner eine Absicherung. Wenn die Welle des VXX, aufgrund des Vola-Anstiegs, wieder nach oben zeigt, verkaufe ich meinen Call und habe eine gute und günstige Absicherung bereits an Bord. Das Timing für diese Art von Bear Call Spread ist nicht unwichtig. Wenn der erste verkaufte Call verfallen ist, habe ich immer noch meine langfristige Versicherung. Die nutze ich für weitere Call-Verkäufe.

Was sind die jeweiligen Vorteile – Bear Call Spread und Naked Call:

> Das maximale Verlust Risiko eines Bear Call Spreads ist geringer als bei

- o einem verkauften Call (Naked Call)
- o einem gekauften Put (je nach Laufzeit)

> Bei einer verkauften Option

- o reicht es, wenn sich das Underlying seitwärts bewegt. Es muss nicht unbedingt in die gewünschte Richtung gehen.
- o gewinne ich, auch wenn sich die Vola nicht bewegt, nämlich durch den Zeitwertverfall

Die beanspruchte Margin ist bei einem Bear Call Spread geringer. Man könnte dadurch auch mehr Trades aufsetzen.

4.2.4. LernBox 5 – Calls

✓ Optionen kann man als Hebel verwenden, aber auch als Versicherung.
✓ Du weißt, wie ein Call-Verkauf funktioniert.
✓ Bei Optionen ist die implizite Volatilität sehr wichtig.
✓ Du wählst die Optionen unter der Berücksichtigung des Chancen/Risiko-Verhältnisses.
✓ Du fixierst vorher den Rückkauf der Optionen – im guten und im schlechten Fall.
✓ Du setzt deine Trades so auf, dass du immer ruhig schlafen kannst.
✓ Du kannst deinen maximalen Verlust durch den Kauf eines Calls begrenzen.
✓ Du rollst die Optionen nur, wenn es Sinn macht.

4.2.5. Kauf Put

Wie schon erwähnt, bin ich eher ein Freund von Stillhaltergeschäften. Allerdings hat ein Kauf von Optionen gewisse Vorteile. Man kann mit wenig Geld viel bewegen. Wenn ich von einem fallenden VXX profitieren will und zum Beispiel 100 Stück VXX shorten will (Leerverkauf), kann ich alternativ den Kauf einer Put-Option überlegen (1 Kontrakt = 100 VXX). Beim Kauf der Put-Option kenne ich meinen maximalen Verlust im Vorhinein. Bei einem aggressiven Anstieg des VXX kann man sein Depot auch nicht so einfach zerstören.

Der VXX wird zum Beispiel bei 40 Dollar geshortet – mit 100 Stück. Der mögliche Verlust ist unbegrenzt, denn der VXX kann theoretisch bis ins Unendliche steigen. Wie bereits besprochen, kann der VXX schnelle Bewegungen durchführen. Gehen wir von der Annahme aus, er verdoppelt sich. Das ist nicht so abwegig und könnte jederzeit passieren. Bei einer Verdopplung steht der VXX dann bei 80 Dollar. Der punktuelle Verlust liegt bei 80 Dollar aktueller Stand – 40 Dollar Einstand = 40 Dollar x 100 Stück = 4.000 Dollar Verlust.

Alternativ könnte man an den Kauf eines Puts denken. Ich würde mit dem Strikepreis etwas weiter weg vom aktuellen Preis des VXX gehen. Dann ist das Investment nicht so immens und man profitiert immer noch von den Bewegungen.

VXX

VXX		2	·39.48	39.57·	4	·39.48							

○ Statistiken
○ Schaltflächen   ☐ Entsichert
Basiswert hinzufügen | Ordervorschau/Marginauswirkung prüfen | Position schließen | Position umkehren | Konto anzeigen
○ Trading

Orders	Protokoll	Ausführungen	Portfolio	Strategy Builder	✓ Orders und Transaktionen für alle Konten anzeigen
Finanzinstrument	Tick...	Geldkurs	Briefk...	Ko...Aktion Menge Gült...	Typ Limitk...Z... Status Vol... Limi... Vol... Art ...Hed...Hed...Bas...Bas.
VXX Aug20'21 40 PUT		7.85	8.10 · <	KAU 1 DAY LMT	8.10 U · 104...

○ Optionsketten

JUN 25 '21	JUL 02 '21	JUL 16 '21	AUG 20 '21	MEHR▼								
33 TAGE	40 TAGE	54 TAGE	80 TAGE			REGISTERANSICHT	▼ PUT/CALL ▼	Alle BASISPREISE ▼ SMART ▼ VXX ▼ 100 Meine Ketter				
												IV: 96.0%

CALLS						BASISPR.	PUTS					
GELD...x	ZEITWERT (%)	BRIEFKU...	LETZT...	DELTA	VOLU...	OFFE...		GELD...x	ZEITWERT (%)	BRIEFKU...	LETZT...	DELTA VOLU... OFFE...
·10.10x	2.53 (26.28%)	10.50·	c10.77	0.764			32	2.90x	2.90 (30.12%)	3.10·	c2.89	-0.236 3
·9.65x	3.08 (31.99%)	10.05·	c10.25	0.739			33	3.40x	3.40 (35.32%)	3.55·	c3.37	-0.261
·9.20x	3.63 (37.71%)	9.55·	c9.80	0.715	1		34	3.95x	3.95 (41.03%)	4.10·	c3.92	-0.285 16
8.85x	4.28 (44.46%)	9.10·	c9.37	0.691		1	35	4.55x	4.55 (47.26%)	4.75·	4.65	-0.309 6
8.45x	4.88 (50.69%)	8.70·	c8.97	0.669	2	2	36	5.15x	5.15 (53.50%)	5.35·	5.35	-0.331 3
8.10x	5.53 (57.44%)	8.35·	8.12	0.647	1	1	37	5.85x	5.85 (60.77%)	5.95·	c5.72	-0.353 1 50
7.80x	6.23 (64.72%)	8.00·	c8.24	0.626			38	6.40x	6.40 (66.48%)	6.70·	6.55	-0.374 6 10
7.50x	6.93 (71.99%)	7.70·	7.25	0.606	292		39	7.20x	7.20 (74.79%)	7.35·	7.40	-0.394 20 4
7.25x	7.25 (75.31%)	7.40·	7.20	0.586	15		40	7.85x	7.42 (77.08%)	8.10·	8.05	-0.414 12 1
·6.95x	6.95 (72.20%)	7.15·	6.85	0.568	1		41	8.60x	7.17 (74.48%)	8.80·	c8.49	-0.432 1 50
6.70x	6.70 (69.60%)	6.90·	6.65	0.550	14	55	42	9.35x	6.92 (71.88%)	9.50·	9.55	-0.450 6

Abbildung 41: Quelle: TWS von Interactive Brokers; Bezeichnung: VXX Optionsketten

Einen 40er Put mit einer Laufzeit von rund 3 Monaten können wir für rund 800 Dollar erwerben. Das ist auch der maximale Verlust, der eintreten kann, denn mehr als unsere bezahlte Prämie können wir nicht verlieren. Eine kürzere Laufzeit würde ich bei gekauften Optionen nicht wählen. Der Zeitwertverlust ist mir persönlich dann zu hoch. Ich empfehle auch vertiefte Kenntnisse der „Griechen". Wichtig ist neben dem Vega (Veränderung der Volatilität) auch das Delta. Eine sehr vereinfachte Erläuterung des Deltas.

- o Thema 1: Bei einem Delta von 0,41 haben wir eine Chance von 41%, dass die Option nicht wertlos verfällt. Andersherum liegt die Wahrscheinlichkeit des Totalverlustes der Prämie bei 59%.
- o Thema 2: Wenn der VXX um 1 Dollar fällt, verändert sich der Optionspreis mit einem Delta von 0,41 um 0,41 Dollar x 100 Stück = 41 Dollar.

Vergleich direktes Investment und Kauf Put:

Mir ist völlig klar, dass dies eine vereinfachte Form der Berechnung darstellt. Es hängt natürlich auch vom Theta, Vega und Gamma ab und mir ist auch klar, dass sich das Delta mitverändert. Mir geht es vor allem um das Verständnis der Entwicklung bzw. den Vergleich.

Der positive Fall: Beim Einstieg ist der VXX bei rund 40 gestanden, nach einer Woche bei 35. Wie verändern sich die Zahlen:

VXX direkt $40 - 35 = 5 \times 100$ =   500 Gewinn

- o bei einem Investment von 4.000 Dollar
- o bei nach oben offenem Risiko
- o Rendite 12,5% des eingesetzten Kapitals

VXX Put $40 - 35 = 5 \times 100 \times 0{,}41$ (0,41 Delta)= 205 Gewinn

- o bei einem Investment von 800 Dollar für den Put-Kauf
- o bei einem Risiko von max. 800 Dollar
- o Rendite 25,6% des eingesetzten Kapitals

Eine Alternative mit einem Strikepreis von 60. Wir bezahlen rund 2.460 Dollar. Das Delta ist rund 0,66.

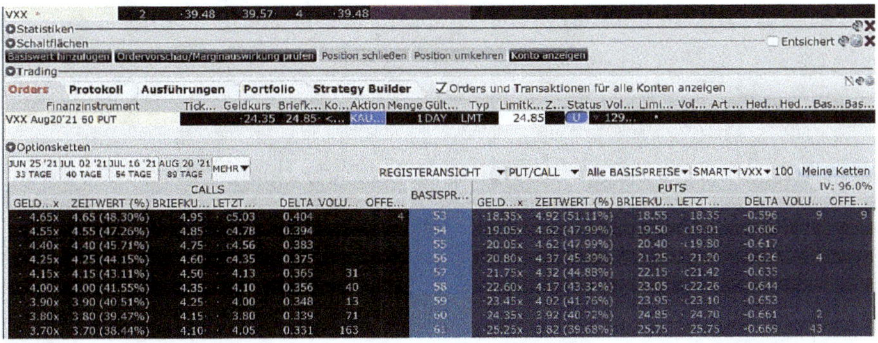

Abbildung 42: Quelle: TWS von Interactive Brokers; Bezeichnung: VXX Optionsketten

VXX Put   40 – 35 = 5 x 100 x 0,66 (Delta) → 330 Gewinn

- o bei einem Investment von 2.460 Dollar für den Put-Kauf
- o bei einem Risiko von max. 2.460 Dollar
- o Rendite 13,4% des eingesetzten Kapitals

Sollte der VXX steigen, wird ein Verlust eintreten. Sollte er über den Strikepreis wandern, wird ab einem gewissen Punkt der Totalverlust des investierten Kapitals eintreten. Je weiter der Put im Geld ist, umso exakter spiegelt er die Wertentwicklung des VXX wider (je höher das Delta ist). Umso teurer ist aber auch der Put. Bei einem Delta von 1,0 wird die Veränderung der Option ähnlich sein wie die Veränderung des Underlyings.

Der guten Ordnung halber darf ich anmerken, dass die Veränderung der weiteren Parameter/Griechen hier unberücksichtigt bleibt und die Berechnungen vereinfacht worden sind.

4.2.6. Weitere Optionsvarianten

Selbstverständlich kann man auch über weitere Optionsvarianten nachdenken, zum Beispiel:

- o Butterfly
- o Iron Condor
- o Bull Call Spread, Bull Put Spread, Bear Call Spread, Bear Put Spread
- o und so weiter

Gerne kannst du auch andere Optionspaare handeln. Solange du verstehst, was passiert, und weißt, was dein Ziel sein sollte.

Für die Konstellationen „Bull Call Spread, Bull Put Spread, Bear Call Spread und Bear Put Spread" kann ich dir als Weiterbildung das Buch von Thomas Mangold „*Die Vertical-Power-Strategie. Wie du mit einer bewährten Options-Trading-Strategie in nur 30 Minuten täglich deine Profite steigerst!*" empfehlen. Im Buch erfährst du alles, was du zur Vertical-Power-Strategie wissen musst, und erhältst in einem extra für die LeserInnen eingerichteten Bonus-Bereich noch einiges an Zusatzmaterial und Beispiel-Trades in Videoform. Außerdem kannst du dort live die Trades des Autors verfolgen.

4.2.7. LernBox 6 – Kauf Put

✓ Du weißt, was ein Delta von 20 bedeutet.
✓ Bei einem Put-Kauf kennst du deinen maximalen Verlust.
✓ Du kannst anhand des Deltas berechnen, wie sich der Put verändert.
✓ Bei einem gekauften Put muss sich in der Regel der VXX in die erwartete Richtung entwickeln.
✓ Bei einem verkauften Put muss man „nur" wissen, wo das Underlying nicht hinwandert (Stillhaltergeschäft). Dafür ist das Risiko unbegrenzt (wenn man keine Absicherung hat).

4.3. Ablauf meiner Analyse / Software

Ich habe meine Abläufe des Tages bzw. des Handels strukturiert. Zu Beginn versuche ich mir einen Überblick über den Markt zu verschaffen. Ich kontrolliere die wichtigsten Indizes (S&P 500, Nasdaq, VIX, Gold usw.). In weiterer Folge schaue ich mir die Terminstrukturkurve an und notiere mir in einer Excel-Tabelle die Werte von VIX 1, VIX 2 usw. So kann ich zu jeder Zeit die Historie analysieren. Nach einer gewissen Zeit bekommt man ein Gefühl für die Bewegungen in den Underlyings. Abschließend kommt der VXX an die Reihe. Eine stärkere Bewegung in den letzten wenigen Tagen ist oft ein Auslöser für das Aufsetzen eines Trades. Mehr über den richtigen Zeitpunkt erfährst du im nächsten Kapitel.

Wie du vielleicht schon festgestellt hast, verwende ich als Chartprogramm Tradingview. Unter https://de.tradingview.com/ kannst du dir einen kostenlosen Account anlegen. Für wenig Geld kannst du dir zusätzliche Indikatoren anlegen. Ich verwende die Software, um mir einen Überblick über den Markt zu verschaffen und auch um die einzelnen Underlyings detaillierter zu prüfen.

Über die kostenlose Seite http://www.vixcentral.com/ bekommst du Informationen über die Terminstrukturkurve und auch über historische Werte. Man kann auch unterschiedliche Zeitpunkte miteinander vergleichen (Historical Prices). Zusätzlich kannst du dir den aktuellen Stand der wichtigen Indizes anzeigen lassen.

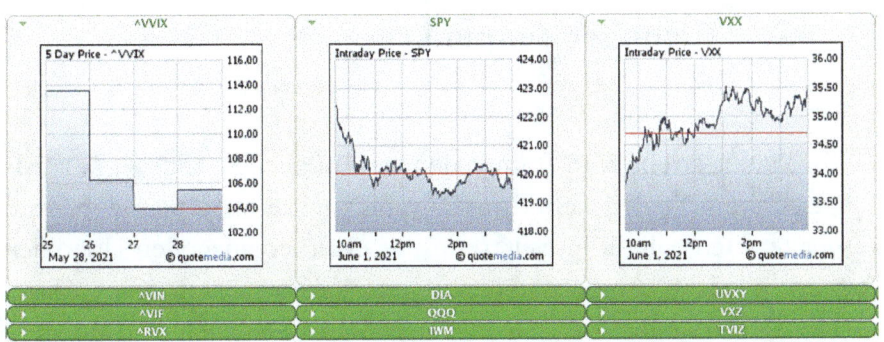

Abbildung 43: Quelle: www.Vixcentral.com; Bezeichnung: Darstellung Indizes

Ich verwende die Tradingsoftware von Interactive Brokers, die sogenannte TWS. Zu Beginn war sie für mich sehr unübersichtlich. Die TWS bietet immens viele Möglichkeiten. Sobald man das für einen selbst Wichtigste zusammengestellt hat, ist es eine einfach und effizient zu bedienende Software.

https://www.interactivebrokers.eu/de/home.php

Der guten Ordnung halber darf ich darauf hinweisen, dass ich mit keinem der genannten Anbieter eine Kooperation eingegangen bin bzw. von keinem von ihnen Geld erhalte.

4.4. Richtiger Zeitpunkt

Als Trader strebt man immer den bestmöglichen Einstieg an. Als entspannter Trader wartet man ab, bis mehrere Ampeln auf Grün schalten. Ich will dir in weiterer Folge einen ergänzenden Überblick über mögliche Ampelsysteme zeigen. Ich lasse mir vom Markt zeigen, ob er dabei ist, sich zu entspannen. Für mich sind mehrere Zeichen von Bedeutung. Ein Anzeichen ist mir oftmals zu wenig und ein Einstieg zu riskant.

4.4.1. Rückgang Backwardation

Ein Anzeichen kann die Entspannung der Volatilität sein. Das zeigt uns die Terminstrukturkurve. Optimal ist eine Umkehr von Backwardation in Contango. Dieses Thema ist für mich die „größte" Ampel für den Gesamtmarkt.

4.4.2. Gleitende Durchschnitte

Man könnte überlegen, ob man, sobald der VXX einen gleitenden Durchschnitt durchbricht, mit einer Short-Position in den Markt einsteigt. Sehen wir uns das einmal für die Post-Corona-Zeit an.

Für einen 50er gleitenden Durchschnitt (Durchschnitt der letzten 50 Handelstage):

Abbildung 44: Quelle: Tradingview; Bezeichnung: VXX Tageschart mit 50er Durchschnitt

Für einen 21er gleitenden Durchschnitt (Durchschnitt der letzten 21 Handelstage):

Abbildung 45: Quelle: Tradingview; Bezeichnung: VXX Tageschart mit 21er Durchschnitt

Man erkennt, dass der 21er Durchschnitt etwas aggressiver ist.

Für mich ist der grundsätzliche Trend viel wichtiger. Solange wir uns in einem anhaltenden Bullenmarkt befinden, kann ich mir den Einstieg in Short-Positionen bei Schnappern nach oben vorstellen. Da helfen die gleitenden Durchschnitte für die Orientierung. Denn die Tendenz des VXX ist langfristig fallend. Wenn wir in einem anhaltenden Bärenmarkt sind, sieht die Sache natürlich wieder anders aus.

4.4.3. Trendkanal

Der Trendkanal bietet eine grobe Orientierung (obere oder untere Begrenzung). Ein exakter Trendkanal ist meines Erachtens nur schwer herzustellen.

Abbildung 46: Quelle: Tradingview; Bezeichnung: VXX Tageschart Trendkanal

4.4.4. Tiefere Tiefs

Für mich funktioniert das Prinzip „tiefere Tiefs" beim VXX nicht.

Ein kurzer Exkurs: Trader sprechen von einem steigenden Trend, solange das letzte Tief nicht unterschritten wird. Somit reden wir von höheren Hochs und höheren Tiefs. Beim VXX ist es natürlich andersherum, es gibt tiefere Hochs und tiefere Tiefs. Wem das alles zu wirr klingt, hier ein Bild:

Abbildung 47: Quelle: Tradingview; Bezeichnung: VXX Tageschart Tiefere Tiefs

Der Short-Einstieg erfolgte beim Unterschreiten des letzten Tiefs. Man erkennt für den dargestellten Zeitraum, dass der Einstieg in der Regel sehr spät gewesen wäre. Deswegen nutze ich ihn in der Praxis nicht.

4.4.5. VIX 30 Tage vs. VXV 90 Tage

Dieser Vergleich ist für mich äußerst wichtig. Man vergleicht die Volatilität der nächsten 30 Tage mit der Volatilität der nächsten 90 Tage.

Der VXV ist die Volatilität für 90 Tage. Er ist in der Regel größer als der VIX. Wieso? Weil in 90 Tagen Handel viel mehr Unsicherheit steckt als in den nächsten 30 Tagen. Wenn jedoch viele Händler kurzfristig Angst bekommen, dann steigt der VIX (in der Regel kurzfristig) über den VXV, weil viele kurzfristige Absicherungen gekauft werden.

VXV > VIX → ist die Regel

VXV < VIX → Unsicherheit im Markt

Dieses Verhältnis kann man sich in der Chart-Software anzeigen lassen. Einsteigen kann man, wenn das Verhältnis von über 1,00 zurückkehrt. Dann könnte man von einer Beruhigung ausgehen. In der Corona-Krise lag das Verhältnis bei rund 1,40.

Abbildung 48: Quelle: Tradingview; Bezeichnung: Wochenchart VIX/VXV

Abbildung 49: Quelle: Tradingview; Bezeichnung: Tageschart VIX/VXV

4.4.6. LernBox 7 – Einstieg

Für den Einstieg kann ich mir unter anderem ansehen:

- ✓ die gleitenden Durchschnitte
- ✓ Gibt es eine Veränderung Backwardation zu Contango?
- ✓ Wo befindet sich der Gesamtmarkt?
- ✓ Wie ist das Verhältnis VXV zu VIX?

4.5. Risiken von VXX

Wir wissen, dass der VXX in der Regel an Wert verlieren wird. Wir wissen aber auch, dass er zwischendurch immens steigen kann, innerhalb von wenigen Stunden bzw. Tagen. Im Februar 2018 ist er innerhalb von drei Handelstagen um über 80% gestiegen.

Abbildung 50: Quelle: Tradingview; Bezeichnung: VXX TagesChart 23.5.21

Der Aktienmarkt ist in dieser Zeit nicht einmal um rund 10% gefallen.

Abbildung 51: Quelle: Tradingview; Bezeichnung: S&P 500 TagesChart

Die in Tradingview dargestellten Werte sind extrem hoch. Ich darf in Erinnerung rufen, dass der VXX regelmäßig neu aufgesetzt wird, sobald die Werte zu gering werden. Dahingehend sind die dargestellten Werte bereinigt.

Nun machen wir ein kleines Rechenbeispiel – ohne Versicherung:

Wir sind mit 100 Stück short – mit einem Einstandspreis von 40 Dollar.

Einstieg: -100 Stk   x 40,00/Stk   - 4.000 Dollar
VXX steigt: -100 Stk   x 80,00/Stk   - 8.000 Dollar
= 4.000 Dollar im Minus

Bei einem großen Depot von z.B. 100.000 Dollar ist das noch recht einfach zu verkraften. Man weiß ja, dass der VXX irgendwann fallen wird. Man muss es „nur" aussitzen und darauf achten, dass kein Margin-Call kommt. Bei einem Konto von 5.000 Dollar hat man mit dieser Aktion das Konto gecrasht. Daher ist das Money Management eines der wichtigsten Dinge beim Handeln mit dem VXX.

Leider gibt es keine genauen Zahlen für die Zeit vor Einführung des VXX. Es gibt aber diverse Annahmen und Berechnungen. Angeblich hätte sich der Wert in der Finanzkrise verfünffacht. Das bedeutet, der VXX hätte sich VERFÜNFFACHT. Ähnlich ist es in der Corona-Krise gelaufen.

Das bedeutet in unserem Beispiel, der VXX steigt von 40 Dollar auf 200 Dollar.

-100 Stk x 200,00/Stk = - 20.000 Dollar
= 16.000 Dollar im Minus

Als Vergleich: Was kann man maximal verdienen? Genau die Summe, mit der man short gegangen ist → 4.000 Dollar.

Wenn man die 16.000 Dollar Verlust aussitzen kann, ist auch das kein Problem. Die meisten Konten verkraften das aber nicht. Mental ist es eine immense Herausforderung.

Dieses Kapitel ist relativ kurzgehalten. Ich habe versucht, dir die Risiken in allen Kapiteln zu vermitteln. Ich darf mich an dieser Stelle wieder einmal wiederholen. Der VXX kann dein Konto zerstören. Ich zeige dir in diesem Buch meinen Weg. Das bedeutet nicht, dass du es mir nachmachen musst. Du musst dir dein eigenes Bild machen, dich genau informieren und dein Konto schützen. Ich werde nicht für deine Taten haften.

Wichtigstes Learning: Die Positionsgröße ist wichtig!!! Lieber weniger Stück! Im Zweifel eine Absicherung kaufen!

4.5.1. LernBox 8 - Risiken

- ✓ Eine Verfünffachung des VXX ist jederzeit möglich.
- ✓ Der VXX kann unendlich hoch ansteigen.
- ✓ Der Schutz des Kontos und des Geldes ist das Wichtigste.
- ✓ Die Wahl einer zu hohen Positionsgröße kann das Konto zerstören.
- ✓ Nicht gierig werden!

Übersicht der Abschnitte:

1. Einleitung
2. Volatilität
3. Wie kann man die Volatilität handeln - der VXX
4. Mein Handel mit dem VXX
5. **Absicherung des Gesamtportfolios mit Volatilitätsprodukten**
6. Resümee

XXV

5. Absicherung des Gesamtportfolios mit Volatilitätsprodukten

Wer dieses Kapitel auslässt bzw. wem das Detailwissen über Futures und dergleichen fehlt, sollte zumindest folgendes mitnehmen:

Der VXX eignet sich aufgrund der Rollverluste nicht für eine langfristige Absicherung. Es existieren bessere Produkte.

5.1. VXX

Die Grundidee des VXX war das Handeln von Volatilität bzw. eine Absicherung gegen starke Aktieneinbrüche. Man hört öfter einmal, dass der VXX als Diversifikation für Portfolios genutzt bzw. von Finanzberatern als Beimischung empfohlen wird. Bei Nachfragen erfährt man, dass der VXX long gegangen und gehalten wird. Das ist in meinen Augen, auf langfristige Sicht, eine Geldvernichtung. Wie schon erwähnt, beinhaltet der VXX in einer Contango-Situation Rollverluste. Er eignet sich somit nicht für eine langfristige Absicherung. Gegen eine kurzfristige Long-Position spricht gar nichts.

5.2. VIX-Futures

Der guten Ordnung halber will ich einen sehr groben Überblick über die Absicherung mittels VIX-Futures geben. Mir ist bewusst, dass es dem erfahrenen Future-Händler zu wenig und dem Unerfahrenen zu viel ist. Da es für mich aber wichtig ist, gewisse Grundkenntnisse zu vermitteln, will ich trotzdem ein paar Dinge erwähnen – auch wenn sie nicht Gegenstand dieses Buches sind.

Ich halte VIX-Futures für ein gutes Mittel, sich gegen überraschend eintretende Effekte abzusichern. Das Grundproblem des VXX haben aber auch die „klassischen" VIX-Futures, nämlich den Rollverlust.

Der größte Unterschied zwischen VIX und VXX: Den VXX kann man bei Optionsverkäufen eingebucht bekommen. Bei VIX-Futures ist das nicht möglich. Es erfolgt immer ein Barausgleich. Das bedeutet, bei Laufzeitende wird abgerechnet und der Trade ist somit beendet.

Einige erfahrene Händler versuchen über Short/Long-Kombinationen eine Absicherung zu schaffen. Die meisten Investoren wollen sich bei Unsicherheit kurzfristig absichern. Deswegen steigen die ersten/kürzeren Futures stark an und die Terminstrukturkurve wandert in eine Backwardation. Dahingehend kann man darüber nachdenken, ob man als „Absicherung" den früheren Future long und den nächsten Future short geht („Calendar Spread"). Man geht davon aus, dass der Long-Future einen höheren Anstieg hat als der Short-Future. Es sollte jedoch noch eine dementsprechende Laufzeit der Futures vorhanden sein.

In diesem Fall könnte man den Juli-Future (37 Tage Laufzeit) kaufen und den August-Future (65 Tage Laufzeit) verkaufen.

Finanzinstrument	Letztkurs	Tage bis zum letzt.
	Konto	Aktion
VIX Aug18'21 @CFE	·20.3000	65
VIX Jul21'21 @CFE	·18.8000	37

Abbildung 52: Quelle: TWS; Bezeichnung: Finanzinstrumente VIX-Futures

Achtung: Die Futures haben einen Multiplikator von 1.000. Bei einem Kurs von 18,800 bewegt man 18.800 Dollar pro Future. Der verkaufte Future ist eine reine Absicherung. Wenn man von einem steigenden VIX ausgeht und das Konto groß genug ist, kann man überlegen, ob man diese Absicherung (verkaufter Future) weglässt.

CBOE Volatility Index	
Wertpapiertyp	**FUT**
Basiswert	**VIX IND**
Kontraktmonat	**AUG21**
Fälligkeitsdatum	**AUG 18 '21**
Letztes Handelsdatum	**AUG 18 '21 08:00 CST**
Währung	**USD**
Multiplikator	**1000**
Börse	**CFE**
Trading-Klasse	**VX**
Symbol	**VXQ1**
Sektor	**Indices**
Branche	**Volatility Index**
Kategorie	*****
Produktetyp	**Equity Index Volatility**
Abwicklungsmethode	**Bar**
Handelszeitplan: Juni 14, 2021 Kalender	
Reguläre Handelssitzung	08:30 - 15:15 (15:30 - 22:15 Ihre Zeit)
Verfügbarkeitszeit insgesamt	*17:00** - 15:15 (00:00 - 22:15 Ihre Zeit)
	15:30 - 16:00 (22:30 - 23:00 Ihre Zeit)
Exchange Time Zone	(UTC-06:00) US/Central

Abbildung 53: Quelle: TWS; Bezeichnung: Beschreibung Finanzinstrument VIX-Future

Weiter möchte ich an dieser Stelle nicht darauf eingehen. Wenn man diese Konstrukte überlegt, sollte man sich intensiver damit beschäftigen. Mir ist nur wichtig, dir eine Information über die Existenz dieser Möglichkeit zu geben. Durch geschickte Kombination von Optionen bzw. Long/Short-Positionen kann man sich einen Airbag basteln.

5.3. Kauf Call - VIX-Futures

Alternativ kann man sich auch einen Call auf den VIX kaufen. In diesem Beispiel kann man einen Call mit Strikepreis 16 und einer Laufzeit von 155 Tagen um rund 700 Dollar kaufen.

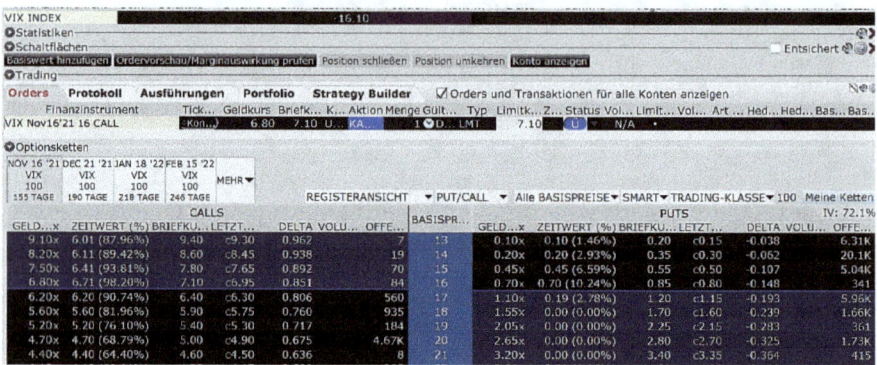

Abbildung 54: Quelle: TWS; Bezeichnung: VIX-Optionsketten

Da das Delta relativ hoch ist, profitiert man bei einem Anstieg des Underlyings. Allerdings muss sich der VIX während der Laufzeit erhöhen, ansonsten verliert man die eingesetzte Prämie.

Ich gebe auch zu bedenken: Je mehr Laufzeit vorhanden ist, umso geringer ist der Zeitwertverfall.

Übersicht der Abschnitte:

1. Einleitung
2. Volatilität
3. Wie kann man die Volatilität handeln - der VXX
4. Mein Handel mit dem VXX
5. Absicherung des Gesamtportfolios mit Volatilitätsprodukten
6. **Resümee**

6. Resümee

Viele suchen im Trading die „finanzielle Freiheit". Für mich bedeutet es die Möglichkeit, ortsunabhängig Cashflow zu generieren. Es braucht eine gewisse Erfahrung, um erfolgreich und risikobewusst sein Geld auf dem Markt zu vermehren. Es funktioniert nicht immer alles auf Anhieb. Nicht jeder Trade ist erfolgreich. In Summe funktioniert es dann für mich, wenn ich nicht die Anzahl der negativen Trades reduziere, sondern die Verlustsummen pro Trade. Einen erfolgreichen Trade bringt man schnell zu Stande. Aber ab welchem Zeitpunkt akzeptiert man den Verlust? Hier ist für mich ein klares Handlungskonzept wichtig. Wann rolle ich die Position und wann ist es Zeit zu schließen, wenn sich das Umfeld nicht so entwickelt hat, wie von mir eingeschätzt? Wir haben alle keine Glaskugel, die uns die Zukunft vorhersagt. Aber wir sind alle mündige Bürger, haben eine Meinung bzw. eine Einschätzung. Und wenn es sich anders entwickelt, dann sollte man es sich eingestehen.

Für mich ist der VXX ein Asset wie vieles andere. Durch diese Diversifikation habe ich in allen Marktphasen Möglichkeiten, meine Trades zu platzieren. Ich trade ihn nicht jeden Tag, ich lasse mir vom Markt anzeigen, wann der Zeitpunkt gekommen ist. Dadurch konnte ich mein Depot noch weiter voranbringen.

Ich habe mich von dem Tenor „höher, schneller, weiter" verabschiedet. Ich habe meine Strategien gefunden und diese wende ich an, wenn der richtige Zeitpunkt gekommen ist. Ich wünsche auch dir, dass du deine Konzepte findest, für dich entwickelst und auch erfolgreich anwendest. Ich würde mich freuen, wenn der VXX ein Teil deines erfolgreichen Tradings wird.

Als Abschluss darf ich dir noch einmal mein Lieblingszitat mitgeben:

„Der Trade des Jahres kommt jede Woche." Deswegen nicht gleich hektisch werden, Geduld beweisen und, vor allem, am Anfang die Positionen klein halten!

Abbildungsverzeichnis

Abbildung 1: Quelle: Tradingview;
Bezeichnung: Vergleich VXX mit SPX, Datenstand vom 23.5.21   16

Abbildung 2: Quelle: Tradingview;
Bezeichnung: Darstellung VIX vom 16.05.21   17

Abbildung 3: Quelle: www.Vixcentral.com;
Bezeichnung: Terminstrukturkurve für den 27.05.21   23

Abbildung 4: Quelle: www.Vixcentral.com;
Bezeichnung: Terminstrukturkurve für den 16.10.16   24

Abbildung 5: Quelle: www.Vixcentral.com;
Bezeichnung: Vergleich Historie Contango/Backwardation   25

Abbildung 6: Quelle: Tradingview;
Bezeichnung: Wochenchart UVXY vom 28.05.21   28

Abbildung 7: Quelle: Tradingview;
Bezeichnung: Wochenchart SVXY vom 28.05.21   29

Abbildung 8: Quelle: www.ipathetn.com,
Beschreibung: Zusammensetzung des VXX 10.06.2021   32

Abbildung 9: Quelle: www.Vixcentral.com;
Bezeichnung: Contango Situation   33

Abbildung 10: Quelle: www.Vixcentral.com;
Bezeichnung Terminstrukturkurve für den 16.10.08   34

Abbildung 11: Quelle: tradingview;
Bezeichnung: VXX Monatschart von 2009 bis 2021 vom 16.05.21   35

Abbildung 12: Quelle: Tradingview;
Bezeichnung: VXX Wochenchart 2017 bis 2021 vom 16.05.21   36

Abbildung 13: Quelle: Tradingview;
Bezeichnung: VXX Tageschart Jänner bis Juni 2021   37

Abbildung 14: Quelle: Tradingview;
Bezeichnung: VXX Tageschart   38

Abbildung 15: Quelle: Tradingview;
Bezeichnung: VXX Wochenchart   38

Abbildung 16: Quelle: Tradingview;
Bezeichnung: S&P 500 Mini Future Tageschart   39

Abbildung 17: Quelle: www.Vixcentral.com;
Bezeichnung: Terminstrukturkurve 21.02.20   40

Abbildung 18: Quelle: www.Vixcentral.com;
Bezeichnung: Terminstrukturkurve 24.02.20   41

Abbildung 19: Quelle: www.Vixcentral.com;
Bezeichnung: Terminstrukturkurve 25.02.20   41

Abbildung 20: Quelle: www.Vixcentral.com;
Bezeichnung: Terminstrukturkurve 26.02.20   42

Abbildung 21: Quelle: www.Vixcentral.com;
Bezeichnung: Terminstrukturkurve 27.02.20   42

Abbildung 22: Quelle: www.Vixcentral.com;
Bezeichnung: Terminstrukturkurve 28.02.20   43

Abbildung 23: Quelle: Tradingview;
Bezeichnung: VIX Tageschart   44

Abbildung 24: Quelle: www.Vixcentral.com;
Bezeichnung: Terminstrukturkurven im Vergleich   44

Abbildung 25: Quelle: Tradingview;
Bezeichnung: VXX Tageschart   45

Abbildung 26: Quelle: Tradingview;
Bezeichnung: VXX Tageschart   46

Abbildung 27: Quelle: Tradingview;
Bezeichnung: VXX Minutenchart   52

Abbildung 28: Quelle: Tradingview;
Bezeichnung: VXX Tageschart   53

Abbildung 29: Quelle: Tradingview;
Bezeichnung: VXX Tageschart — 54

Abbildung 30: Quelle: TWS von Interactive Brokers;
Bezeichnung: VXX Optionsketten vom 19.05.21 — 61

Abbildung 31: Quelle: TWS von Interactive Brokers;
Bezeichnung: VXX Details zur Option vom 19.05.21 — 62

Abbildung 32: Quelle: Tradingview;
Bezeichnung: VXX 15-Minutenchart — 63

Abbildung 33: Quelle: Tradingview;
Bezeichnung: VXX 1-Minutenchart für den 19.05.21 — 64

Abbildung 34: Quelle: TWS von Interactive Brokers;
Bezeichnung: Handelsübersicht vom 20.05.21 — 65

Abbildung 35: Quelle: Tradingview;
Bezeichnung: VXX 5-Minutenchart — 66

Abbildung 36: Quelle: Tradingview;
Bezeichnung: VXX Tageschart — 67

Abbildung 37: Quelle: TWS von Interactive Brokers;
Bezeichnung: VXX Optionsketten — 69

Abbildung 38: Quelle: TWS von Interactive Brokers;
Bezeichnung: VXX Details zur Option — 69

Abbildung 39: Quelle: TWS von Interactive Brokers;
Bezeichnung: VXX Optionsketten — 70

Abbildung 40: Quelle: TWS von Interactive Brokers;
Bezeichnung: VXX Details zur Option — 71

Abbildung 41: Quelle: TWS von Interactive Brokers;
Bezeichnung: VXX Optionsketten — 75

Abbildung 42: Quelle: TWS von Interactive Brokers;
Bezeichnung: VXX Optionsketten — 77

Abbildung 43: Quelle: www.Vixcentral.com;
Bezeichnung: Darstellung Indizes   81

Abbildung 44: Quelle: Tradingview;
Bezeichnung: VXX Tageschart mit 50er Durchschnitt   83

Abbildung 45: Quelle: Tradingview;
Bezeichnung: VXX Tageschart mit 21er Durchschnitt   83

Abbildung 46: Quelle: Tradingview;
Bezeichnung: VXX Tageschart Trendkanal   84

Abbildung 47: Quelle: Tradingview;
Bezeichnung: VXX Tageschart Tiefere Tiefs   85

Abbildung 48: Quelle: Tradingview;
Bezeichnung: Wochenchart VIX/VXV   86

Abbildung 49: Quelle: Tradingview;
Bezeichnung: Tageschart VIX/VXV   87

Abbildung 50: Quelle: Tradingview;
Bezeichnung: VXX TagesChart 23.5.21   88

Abbildung 51: Quelle: Tradingview;
Bezeichnung: S&P 500 TagesChart   89

Abbildung 52: Quelle: TWS;
Bezeichnung: Finanzinstrumente VIX-Futures   94

Abbildung 53: Quelle: TWS;
Bezeichnung: Beschreibung Finanzinstrument VIX-Future   95

Abbildung 54: Quelle: TWS;
Bezeichnung: VIX-Optionsketten   96

Quellenverzeichnis

- Erichsen/Tradermacher YouTube
  https://www.youtube.com/channel/UCh2gY-BOw1DBxBoojRiqZjQ

- Mangold Thomas (2021)
  Vertical Power Strategie

- Murphy John J. (2013)
  Trading mit Intermarket Analyse

- Müller Philipp J. (2020)
  GeldRichtig

- Rabe Jens (2019)
  Optionsgewinne mit System

- Rabe Jens (2020)
  Optionsstrategien für die Praxis

- Rabe Jens/Optionsstrategien YouTube
  https://www.youtube.com/channel/UCAqIFKP2tthRbuAf7bzuBxQ

- Rabe Jens - YouTube
  https://www.youtube.com/channel/UCCPM1klqoABXV0cl8c3FDQw

- Voigt Michael (2014)
  Das große Arbeitsbuch der Markttechnik

Verwendete Webseiten

www.FinViz.com

www.Interactivebrokers.com

www.ipathetn.com

www.optiontradingpal.com/

www.Tradingview.com

www.Vixcentral.com

www.wikipedia.at